Die stille Kraft der Einfachheit

Von Frank Kralemann

Buchbeschreibung:

Die stille Kraft der Einfachheit

In einer Welt, die unaufhörlich nach mehr strebt – mehr Besitz, mehr Leistung, mehr Geschwindigkeit – bietet dieses Buch einen anderen Weg: den Weg zur Einfachheit. Es ist keine Anleitung zum Verzicht, sondern eine Einladung zur Befreiung.

Mit tiefgründigen Einblicken aus östlichen und westlichen Philosophien, untermauert durch moderne wissenschaftliche Erkenntnisse, führt dieses Buch durch eine dreifache Reise: vom intellektuellen Verstehen der Einfachheit über das praktische Loslassen bis zum authentischen Sein.

Von der Entrümpelung des materiellen Umfelds über die Beruhigung des rastlosen

Geistes bis hin zur Neugestaltung sozialer Beziehungen – dieses Buch bietet praktische Ansätze für jeden Lebensbereich. Es zeigt, wie wir in einer beschleunigten Welt Inseln der Ruhe schaffen können und wie die scheinbare Begrenzung eines einfacheren Lebens zu unerwarteter innerer Freiheit führt.

"Die stille Kraft der Einfachheit" ist für alle, die spüren, dass ein volleres Leben nicht durch Anhäufung, sondern durch bewusste Auswahl entsteht. Es ist für jene, die bereit sind, das Wesentliche zu entdecken – in ihrem Umfeld, ihren Beziehungen und letztlich in sich selbst.

Über den Autor:

Frank Kralemann, ein renommierter Autor, der sein ruhiges Zuhause am nördlichen Rand des Teutoburger Waldes gefunden hat, ist eine faszinierende Persönlichkeit, die durch seine vielfältigen literarischen Werke bekannt geworden ist. Kralemann, dessen schriftstellerische Karriere eine beeindruckende Bandbreite an Genres umfasst, hat sich mit seinen Ratgebern zur Lebensgestaltung, seinen poetischen Gedichtbänden und, nicht zuletzt, seinen herzerwärmenden Kinderbüchern einen Namen gemacht. Seine Werke zeichnen sich durch eine tiefe Verbundenheit mit den Themen des alltäglichen Lebens, der Natur und der menschlichen Existenz aus.

Die stille Kraft der Einfachheit

von Frank Kralemann

1. Auflage, 2025 Frank Kralemann

© 2025 Alle Rechte vorbehalten.

Verlag: BoD · Books on Demand GmbH,
Überseering 33, 22297 Hamburg,
bod@bod.de
Druck: Libri Plureos GmbH, Friedensallee 273, 22763 Hamburg

ISBN: 978-3-8192-2820-9

Inhaltsverzeichnis

Die stille Kraft der Einfachheit

Vorwort

In einer Welt, die unaufhörlich nach mehr strebt –
mehr Besitz, mehr Leistung, mehr
Geschwindigkeit – erscheint die Suche nach
Einfachheit paradox. Wir sehnen uns nach
Klarheit und Ruhe, während wir gleichzeitig in
einem Strudel von Komplexität gefangen sind.
Diese Spannung zwischen Sehnsucht und Realität
bildet den Ausgangspunkt für dieses Buch.

Als ich vor einigen Jahren nach einer schweren
Erschöpfungsphase mein Leben radikal
hinterfragen musste, begegnete mir die
Einfachheit nicht als philosophisches Konzept,
sondern als notwendiger Rettungsanker. Was

zunächst als Verzicht erschien, offenbarte sich bald als Befreiung – und enthüllte die stille Kraft, die im Einfachen verborgen liegt.

Dieses Buch ist kein weiterer Ratgeber, der schnelle Lösungen verspricht. Es ist eine Einladung zu einer dreifachen Reise: vom intellektuellen Verstehen der Einfachheit über das praktische Loslassen bis zum authentischen Sein. Jeder Teil baut auf dem vorherigen auf und führt tiefer in die Erfahrung der Einfachheit.

Du kannst dieses Buch von Anfang bis Ende lesen oder direkt zu den Abschnitten springen, die dich besonders ansprechen. Die Reflexionsfragen am Ende jedes Kapitels und die praktischen Übungen im Anhang laden dich ein, die Konzepte in deinem eigenen Leben zu erproben. Denn letztlich ist Einfachheit keine Theorie, sondern eine Praxis – kein Ziel, sondern ein Weg.

Möge dieses Buch dir ein Begleiter sein auf deiner eigenen Reise zur stillen Kraft der Einfachheit.

Teil 1: Verstehen - Die Philosophie der Einfachheit

Die Essenz der Einfachheit

"Die Einfachheit ist die höchste Stufe der Vollendung." – Leonardo da Vinci

Was bedeutet es wirklich, einfach zu leben? Diese Frage erscheint selbst einfach, doch ihre Antwort entfaltet sich in vielschichtigen Dimensionen. Einfachheit ist nicht bloße Reduktion oder Vereinfachung. Sie ist eine fundamentale Qualität, die entsteht, wenn wir zum Wesentlichen vordringen.

Was Einfachheit wirklich bedeutet

Einfachheit wird oft missverstanden als Mangel an Tiefe oder Sophistikation. Tatsächlich ist das Gegenteil der Fall. Wahre Einfachheit entsteht nicht durch Verarmung, sondern durch

Destillation – sie ist das Ergebnis eines Prozesses, der das Überflüssige entfernt und das Wesentliche freilegt.

Der japanische Künstler Sengai Gibon drückte es so aus: "Die Dinge sind wie sie sind, weil sie so sein müssen." Diese scheinbar triviale Aussage enthält eine tiefe Wahrheit: Einfachheit ist der Zustand, in dem etwas genau das ist, was es sein soll – nicht mehr und nicht weniger.

Im Alltag begegnet uns Einfachheit in verschiedenen Formen:

- Als **materielle Einfachheit** – ein aufgeräumter Raum, in dem jeder Gegenstand seinen Zweck und Platz hat

- Als **zeitliche Einfachheit** – ein Tag ohne überfüllten Terminkalender, mit Raum zum Atmen und Sein

- Als **mentale Einfachheit** – ein klarer Geist, nicht verstrickt in endlose Gedankenschleifen

- Als **emotionale Einfachheit** – die Fähigkeit, Gefühle direkt zu erfahren, ohne sie zu verkomplizieren

Anna, eine Architektin, die ich im Rahmen der Recherche für dieses Buch interviewte, beschrieb ihre Erfahrung so: "In meinem Beruf arbeite ich ständig mit komplexen Strukturen. Was mich immer wieder überrascht: Die wirklich genialen Lösungen sind letztlich einfach. Sie erscheinen selbstverständlich, sobald man sie sieht. Aber der Weg zu dieser Selbstverständlichkeit – das ist harte Arbeit."

Unterschied zwischen Einfachheit und Vereinfachung

Es ist wichtig, zwischen Einfachheit und bloßer Vereinfachung zu unterscheiden. Vereinfachung reduziert Komplexität, indem sie Elemente eliminiert – manchmal auf Kosten der Tiefe oder Nuance. Einfachheit hingegen bewahrt das Wesentliche, während sie das Unnötige loslässt.

Der Unterschied wird deutlich, wenn wir Werke großer Künstler betrachten. Die späten Gemälde von Mark Rothko bestehen aus wenigen, großen Farbflächen – und doch vermitteln sie eine emotionale Komplexität, die manch detailreiches Werk nicht erreicht. Ihre Einfachheit ist nicht Armut, sondern höchste Konzentration.

Ein praktisches Beispiel: Ein stark vereinfachter Tagesablauf könnte bedeuten, wichtige

Aktivitäten zu streichen, um Zeit zu sparen. Ein einfacher Tagesablauf hingegen bewahrt das, was wirklich zählt, und schafft bewusst Raum dafür. Der erste Ansatz führt oft zu Frustration, der zweite zu Erfüllung.

Das Paradoxon: Warum Einfachheit so schwierig ist

Hier stoßen wir auf das zentrale Paradoxon: Wenn Einfachheit so natürlich ist, warum fällt sie uns dann so schwer? Warum komplizieren wir unser Leben immer wieder?

Mehrere Faktoren tragen zu dieser Spannung bei:

1. **Gesellschaftlicher Druck**: Unsere Kultur belohnt Geschäftigkeit und Komplexität. "Ich bin so beschäftigt" ist zum Statussymbol geworden.

2. **Psychologische Anhaftung**: Wir identifizieren uns mit unseren Besitztümern, Aktivitäten und Gedanken. Loslassen bedeutet, einen Teil unserer Identität in Frage zu stellen.

3. **Angst vor Leere**: Die Einfachheit konfrontiert uns mit Stille und Leere – Zustände, die in unserer ablenkungsreichen Gesellschaft oft als bedrohlich empfunden werden.

4. **Mangelnde Übung**: Wie jede Kunst erfordert auch die Einfachheit Übung und Kultivierung. Unser Geist ist darauf trainiert, zu komplizieren statt zu vereinfachen.

Thomas, ein ehemaliger Unternehmensberater, der heute ein bewusst einfaches Leben auf dem Land führt, teilte mit mir seine Erkenntnis: "Die größte Herausforderung war nicht, meinen Job aufzugeben oder meine Stadtwohnung zu verkaufen. Das Schwierigste war, mich von der Idee zu lösen, dass mein Wert als Mensch von meiner Produktivität abhängt. Diese innere Umstellung dauert bis heute an."

Dieses Paradoxon führt uns zur Erkenntnis, dass der Weg zur Einfachheit selbst nicht immer einfach ist. Er erfordert Bewusstsein, Entschlossenheit und – vielleicht am wichtigsten – Geduld mit uns selbst.

Reflexionsfragen:

1. Was bedeutet Einfachheit für dich persönlich? Welche Bilder, Gefühle oder Erfahrungen verbindest du damit?

2. In welchen Bereichen deines Lebens sehnst du dich nach mehr Einfachheit?

Wo spürst du am deutlichsten die Last der Komplexität?

3. Wann hast du bereits die befreiende Kraft der Einfachheit erfahren? Wie hat sich das angefühlt?

Einfachheit in östlichen Traditionen

"Im Anfänger-Geist gibt es viele Möglichkeiten, im Experten-Geist nur wenige." – Shunryu Suzuki

Die östlichen Philosophien und spirituellen Traditionen haben seit Jahrtausenden tiefe Einsichten zur Einfachheit entwickelt. Besonders im Buddhismus, Taoismus und Zen finden wir Weisheiten, die unsere moderne Suche nach einem einfacheren Leben bereichern können.

Zen und die Kunst des Loslassens

Das Zen, eine japanische Form des Buddhismus, hat die Einfachheit zu einer Kunst erhoben. Im Zentrum steht die Praxis des Zazen – das "einfache Sitzen" in Meditation. Dabei geht es nicht um komplizierte Visualisierungen oder spirituelle Erfahrungen, sondern um radikale Einfachheit: einfach da sein, Atem für Atem.

Der Zen-Meister Thich Nhat Hanh drückt es so aus: "Die Kunst des Lebens liegt darin, im gegenwärtigen Moment zu Hause zu sein." Diese scheinbar simple Anweisung enthält eine tiefe Herausforderung, denn unser Geist wandert ständig zwischen Vergangenheit und Zukunft, analysiert, plant und bewertet.

Eine zentrale Lehre des Zen ist Mushin – der "Nicht-Geist" oder "Geist ohne Anhaftung". Es beschreibt einen Zustand, in dem wir vollständig im Moment aufgehen, ohne von Gedanken oder Emotionen gefangen zu sein. In diesem Zustand wird selbst eine alltägliche Handlung wie Teetrinken oder Gehen zu einer vollkommenen Erfahrung.

Die berühmten Zen-Gärten verkörpern dieses Prinzip in sichtbarer Form: Mit wenigen sorgfältig platzierten Steinen und gerechtem Sand erschaffen sie einen Raum, der gleichzeitig leer und vollkommen ist.

Wabi-Sabi: Die Schönheit des Unvollkommenen

Ein verwandtes japanisches Konzept ist Wabi-Sabi – die Wertschätzung des Unvollkommenen, Vergänglichen und

Unvollständigen. Diese Ästhetik findet Schönheit nicht in Perfektion oder Opulenz, sondern in Bescheidenheit, Asymmetrie und den Spuren der Zeit.

Wabi-Sabi erinnert uns daran, dass Einfachheit nicht mit Perfektion verwechselt werden sollte. Ein von Hand geformter Keramikbecher mit kleinen Unregelmäßigkeiten verkörpert mehr Einfachheit als ein maschinell hergestelltes "perfektes" Exemplar. Das Unvollkommene trägt die Spuren des Menschlichen und verbindet uns mit der Natürlichkeit des Lebens.

Meine Begegnung mit Wabi-Sabi veränderte meinen Blick auf meinen eigenen Körper. Die kleinen Narben, die Falten, die mit den Jahren entstehen – statt sie zu bekämpfen, begann ich, sie als Zeugen eines gelebten Lebens zu sehen. Diese Perspektive brachte eine unerwartete Erleichterung mit sich, ein Loslassen des ständigen Strebens nach äußerer Perfektion.

Buddhistische Perspektiven zur Überwindung von Anhaftung

Der Buddha lehrte, dass Leiden (Dukkha) aus dem Verlangen und der Anhaftung entsteht. Wir leiden, weil wir an Dingen, Menschen, Ideen und Selbstbildern festhalten, die ihrer Natur nach vergänglich sind.

Die buddhistische Praxis zielt darauf ab, diese Anhaftung zu erkennen und schrittweise zu lösen. Nicht durch Verdrängung oder Ablehnung, sondern durch klares Sehen der Realität. Wenn wir verstehen, dass alles in ständigem Wandel begriffen ist – einschließlich unserer selbst – können wir beginnen, mit offenen Händen zu leben statt mit verkrampfter Faust.

Ein anschauliches Beispiel für diesen Prozess ist die Geschichte eines alten Meisters, der von einem Schüler gefragt wurde: "Was ist Erleuchtung?" Der Meister antwortete: "Wenn ich hungrig bin, esse ich. Wenn ich müde bin, schlafe ich." Der verwirrte Schüler erwiderte: "Aber das tun doch alle Menschen!" Darauf der Meister: "Nein. Die meisten Menschen tun tausend andere Dinge, während sie essen, und denken an tausend andere Dinge, während sie zu schlafen versuchen."

Diese Geschichte verdeutlicht die radikale Einfachheit, die entsteht, wenn wir lernen, ohne Anhaftung zu leben – wenn wir jede Erfahrung vollständig erleben, ohne sie festhalten oder verändern zu wollen.

Die buddhistische Einsicht, dass unsere Identifikation mit einem festen, unveränderlichen Selbst eine Illusion ist, eröffnet eine tiefgreifende Möglichkeit zur Vereinfachung. Viele unserer komplexesten Probleme entstehen aus dem Versuch, ein bestimmtes Selbstbild aufrechtzuerhalten oder zu verteidigen.

Sara, eine langjährige Meditationspraktizierende, beschrieb es so: "Je weniger ich versuche, jemand Bestimmtes zu sein, desto mehr Raum entsteht in meinem Leben. Es ist, als würde ich einen schweren Rucksack ablegen, den ich so lange getragen habe, dass ich vergessen hatte, dass er da ist."

Reflexionsfragen:

1. Welche Momente vollkommener Präsenz hast du bereits erlebt? Was hat diese Erfahrungen ermöglicht?

2. Wo in deinem Leben hältst du am stärksten fest? An welchen Dingen, Vorstellungen oder Gewohnheiten?

3. Wie könnte die Wabi-Sabi-Perspektive deinen Blick auf "Unvollkommenheiten" in deinem Leben verändern?

Einfachheit in westlichen Philosophien

"Unser Leben ist durch Überfluss kompliziert geworden. Einfachheit, Einfachheit, Einfachheit!"
– Henry David Thoreau

Während östliche Traditionen oft als Quellen der Weisheit über Einfachheit betrachtet werden, hat auch die westliche Philosophie eine reiche Geschichte der Auseinandersetzung mit diesem Thema. Von den antiken Stoikern bis zu den Transzendentalisten des 19. Jahrhunderts und modernen Minimalismus-Bewegungen – die Suche nach einem einfacheren, authentischeren Leben zieht sich wie ein roter Faden durch das westliche Denken.

Thoreau und Walden: Bewusstes Leben

Henry David Thoreau, amerikanischer Philosoph und Schriftsteller des 19. Jahrhunderts, unternahm eines der berühmtesten Experimente in bewusstem einfachen Leben. Für zwei Jahre, zwei Monate und zwei Tage zog er sich in eine selbstgebaute Hütte am Walden-See zurück, um "bewusst zu leben, dem Leben ins Gesicht zu sehen und zu lernen, was es zu lehren hatte."

Thoreaus Experiment war keine romantische Flucht vor der Zivilisation, sondern ein methodisches Streben nach Klarheit. Er reduzierte seine Bedürfnisse auf das Wesentliche, um zu sehen, was vom Leben übrig blieb, wenn man das Überflüssige entfernte. Seine berühmte Maxime lautete: "Vereinfache, vereinfache."

Was Thoreau entdeckte, war eine tiefere Verbindung – zu sich selbst, zur Natur und zum Rhythmus des Lebens. Er schrieb: "Ich ging in die Wälder, weil ich bewusst leben wollte... Ich wollte nicht, wenn es zum Sterben ging, entdecken, dass ich nicht gelebt hatte."

Diese Haltung spiegelt sich in der Geschichte von Marie wider, einer Universitätsprofessorin, die jeden Sommer einen Monat in einer einfachen Berghütte ohne Elektrizität verbringt. "Diese Zeit ist für mich unverzichtbar geworden," erzählte sie mir. "Nicht weil sie so romantisch ist – manchmal ist es auch unbequem und herausfordernd. Aber in dieser Reduktion erlebe ich eine Klarheit, die ich im Alltag oft vermisse. Ich kehre immer mit der Frage zurück: Was von meinem 'normalen' Leben ist wirklich notwendig?"

Stoische Ansätze zur Einfachheit und Selbstgenügsamkeit

Lange vor Thoreau praktizierten die Stoiker im antiken Griechenland und Rom eine Philosophie der Einfachheit und Selbstgenügsamkeit. Denker wie Seneca, Epiktet und Mark Aurel lehrten, dass wahres Glück nicht von äußeren Umständen abhängt, sondern von innerer Haltung.

Der Stoizismus betont die Unterscheidung zwischen dem, was in unserer Kontrolle liegt (unsere Urteile, Entscheidungen und Handlungen), und dem, was außerhalb unserer Kontrolle liegt (äußere Ereignisse, die Meinungen anderer, Vergänglichkeit). Indem wir lernen, unsere Energie auf das zu konzentrieren, was wir beeinflussen können, und das Übrige mit Gleichmut anzunehmen, vereinfachen wir unser emotionales Leben erheblich.

Seneca, obwohl selbst wohlhabend, praktizierte regelmäßig freiwillige Einfachheit: "Lege einige Tage beiseite, in denen du dich mit sehr wenig Nahrung und sehr einfacher Kleidung begnügst und fragst: 'Ist dies das, wovor ich Angst hatte?'" Diese Übung diente nicht nur der moralischen

Entwicklung, sondern auch als praktische Vorbereitung auf die Unvorhersehbarkeit des Lebens.

Die stoische Praxis der "negativen Visualisierung" – sich vorzustellen, was man verlieren könnte – mag zunächst befremdlich erscheinen, führt aber zu einer tieferen Wertschätzung des Vorhandenen und löst die Angst vor Verlust. Wenn wir uns regelmäßig vor Augen führen, dass alles vergänglich ist, werden wir weniger an materiellen Besitz gebunden und erkennen den Wert in einfachen Freuden.

Thomas, ein ehemaliger Börsenmakler, der nach einem Burnout seine Karriere neu ausrichtete, erzählte: "Die stoische Philosophie hat mir geholfen zu erkennen, wie viel meines Stresses aus der Jagd nach Dingen stammte, die ich eigentlich nicht kontrollieren konnte – Marktbewegungen, Meinungen von Kollegen, zukünftige Beförderungen. Als ich begann, mich auf meine täglichen Handlungen und Entscheidungen zu konzentrieren, wurde mein Leben sofort einfacher und paradoxerweise auch erfolgreicher."

Moderne Minimalismus-Bewegungen und ihre philosophischen Wurzeln

In den letzten Jahrzehnten hat der Minimalismus als Lebensstil und ästhetische Bewegung an Popularität gewonnen. Von Marie Kondos Aufräummethode bis zu "Tiny House"-Bewegungen – viele Menschen suchen nach Wegen, ihr materielles Leben zu vereinfachen.

Diese modernen Bewegungen haben tiefere philosophische Wurzeln, als oft angenommen wird. Sie reflektieren eine Reaktion auf die Überflussgesellschaft und eine Sehnsucht nach mehr Sinn und Authentizität. Der Philosoph Erich Fromm unterschied bereits in den 1970er Jahren zwischen "Haben" und "Sein" als zwei grundlegenden Modi der Existenz – eine Unterscheidung, die moderne Minimalisten oft implizit treffen.

Der zeitgenössische Minimalismus ist jedoch nicht nur eine Reaktion gegen Materialismus. In seiner besten Form ist er eine positive

Philosophie, die Raum schafft für das, was wirklich zählt. Wie Joshua Fields Millburn und Ryan Nicodemus, bekannt als "The Minimalists", es ausdrücken: "Minimalismus handelt nicht davon, weniger zu haben, sondern mehr zu sein."

Diese Perspektive erinnert an die Worte des Philosophen Diogenes, der, als Alexander der Große ihm jeden Wunsch erfüllen wollte, nur darum bat, dass der Herrscher aus seinem Sonnenlicht trete. Wahre Freiheit, so suggeriert diese Geschichte, liegt nicht im Besitz, sondern in der Unabhängigkeit von ihm.

Lisa, eine junge Designerin, die in einer 35-Quadratmeter-Wohnung mit sorgfältig ausgewählten Besitztümern lebt, sagte: "Für mich geht es nicht um Verzicht. Es geht darum, jeden Gegenstand in meinem Leben bewusst zu wählen, statt passiv anzusammeln. Das gibt mir ein Gefühl von Klarheit und Kontrolle, das ich nie hatte, als ich in einer größeren Wohnung mit mehr Besitz lebte."

Was moderne minimalistische Bewegungen von bloßer Trend-Ästhetik unterscheidet, ist genau diese philosophische Dimension – die Erkenntnis, dass Einfachheit nicht nur eine äußere Praxis ist, sondern eine innere Haltung, die unser Verhältnis zur Welt grundlegend verändert.

Reflexionsfragen:

1. Welche Aspekte von Thoreaus Experiment am Walden-See sprechen dich an? Könntest du dir vorstellen, ein ähnliches (wenn auch kürzeres) Experiment zu wagen?

2. Wo in deinem Leben investierst du Energie in Dinge, die außerhalb deiner Kontrolle liegen? Wie könnte die stoische Perspektive hier helfen?

3. Was bedeutet für dich der Unterschied zwischen "haben" und "sein"? In welchen Bereichen deines Lebens neigst du zum "Haben-Modus"?

Die Wissenschaft der Einfachheit

"Bei gleicher Erklärungskraft für die gleichen Sachverhalte ist die einfachere Theorie zu bevorzugen." – Ockhams Rasiermesser

Die Philosophie bietet uns wichtige Perspektiven auf die Einfachheit, doch auch die moderne Wissenschaft hat viel zum Verständnis dieses Phänomens beizutragen. Von der Psychologie bis zur Neurowissenschaft – die Forschung bestätigt zunehmend, was Weise aller Kulturen intuitiv erkannt haben: Einfachheit ist nicht nur eine ästhetische Präferenz, sondern ein Prinzip, das tief in der Funktionsweise unseres Geistes und Körpers verankert ist.

Psychologische Effekte von Überfluss und Mangel

Die Verhaltensforschung hat ein faszinierendes Paradoxon aufgedeckt: Mehr Wahlmöglichkeiten führen nicht notwendig zu mehr Zufriedenheit. Im Gegenteil, zu viele Optionen können zu dem führen, was Psychologen als "Entscheidungslähmung" oder "Überflussparadoxon" bezeichnen.

In einem berühmten Experiment stellten Forscher in einem Supermarkt einen Stand mit 24 verschiedenen Marmeladen auf und beobachteten das Kaufverhalten der Kunden. An einem anderen Tag reduzierten sie die Auswahl auf nur sechs Sorten. Überraschenderweise führte die kleinere Auswahl zu zehnmal mehr tatsächlichen Käufen. Die größere Auswahl zog zwar mehr

Aufmerksamkeit an, lähmte aber die Entscheidungsfähigkeit der Kunden.

Dieses Phänomen beschränkt sich nicht auf Konsumentscheidungen. Studien zeigen ähnliche Effekte in Bereichen wie Partnerwahl, Karriereentscheidungen und sogar bei der Altersvorsorge. Je mehr Optionen wir haben, desto schwieriger wird die Entscheidung, und desto wahrscheinlicher ist es, dass wir mit unserer Wahl unzufrieden sind – ein Phänomen, das als "FOMO" (Fear Of Missing Out – Angst, etwas zu verpassen) bekannt ist.

Gleichzeitig hat die Forschung gezeigt, dass materieller Mangel erheblichen Stress verursachen kann. Menschen, die mit echter Armut kämpfen, erleben eine "kognitive Belastung", die ihre Entscheidungsfähigkeit und Selbstkontrolle beeinträchtigt. Dies erklärt, warum echte Einfachheit nicht mit Armut verwechselt werden sollte – während Einfachheit eine bewusste Wahl ist, die kognitive Ressourcen freisetzt, ist Mangel ein aufgezwungener Zustand, der Ressourcen bindet.

Die psychologisch optimale Zone scheint in der Mitte zu liegen: genug zu haben, um grundlegende Bedürfnisse zu erfüllen und eine gewisse Wahlfreiheit zu genießen, aber nicht so viel, dass Entscheidungen zur Belastung werden. Diese Balance entspricht dem, was der Philosoph

Epicurus "naturgemäßes Leben" nannte – ein Leben, das natürliche Bedürfnisse befriedigt, ohne künstliche zu schaffen.

Neurowissenschaftliche Perspektiven auf Einfachheit und Wohlbefinden

Die Neurowissenschaft bestätigt zunehmend die Vorteile der Einfachheit für unser Gehirn. Studien mit bildgebenden Verfahren zeigen, dass Multitasking – der Versuch, mehrere komplexe Aufgaben gleichzeitig zu erledigen – nicht nur ineffizient ist, sondern auch Stress erzeugt und die kognitive Leistungsfähigkeit reduziert.

Unser Gehirn ist nicht für konstante Reizüberflutung und ständige Aufmerksamkeitswechsel optimiert. Im Gegenteil, es scheint am besten zu funktionieren, wenn es sich auf eine Aufgabe konzentrieren kann. Der Zustand des "Flow", den der Psychologe Mihaly Csikszentmihalyi beschrieben hat – völliges Aufgehen in einer Tätigkeit, bei der Herausforderung und Fähigkeit im Gleichgewicht sind – ist neurobiologisch mit reduzierter Aktivität im präfrontalen Kortex verbunden, dem

Bereich, der für Selbstüberwachung und Kritik zuständig ist.

Meditation und Achtsamkeitspraktiken, die auf mentale Einfachheit abzielen, zeigen in Studien messbare Effekte auf Gehirnstruktur und -funktion. Regelmäßige Meditationspraxis kann die Dichte der grauen Substanz in Bereichen erhöhen, die mit Aufmerksamkeit, Emotionsregulation und Empathie zusammenhängen, während sie die Aktivität in der "Default Mode Network" reduziert – einem Netzwerk, das mit Gedankenwandern und Selbstbezogenheit assoziiert wird.

Aus neurobiologischer Sicht könnte man sagen, dass unser Gehirn eine natürliche Tendenz zur Vereinfachung hat. Es sucht ständig nach Mustern, kategorisiert Informationen und filtert Unwichtiges heraus. Wenn wir es mit zu vielen Reizen überfordern, arbeitet es gegen seine eigene Natur – mit messbaren Konsequenzen für unser Wohlbefinden.

Der Zusammenhang zwischen Einfachheit und Kreativität

Entgegen der verbreiteten Vorstellung, dass Kreativität aus Komplexität entsteht, deutet die Forschung darauf hin, dass Einfachheit oft der Schlüssel zu innovativem Denken ist. Einige der kreativsten Geister der Geschichte – von Einstein bis Steve Jobs – waren bekannt für ihre Fähigkeit, komplexe Probleme auf ihre wesentlichen Elemente zu reduzieren.

Studien zeigen, dass kreative Durchbrüche oft während Ruhephasen oder einfacher, repetitiver Tätigkeiten auftreten – beim Spazierengehen, Duschen oder einfach beim Tagträumen. Diese Momente geistiger Entspannung ermöglichen es dem Gehirn, lose Assoziationen herzustellen und neue Verbindungen zu entdecken, die im fokussierten Arbeitsmodus verborgen bleiben.

Der Neurowissenschaftler Marcus Raichle entdeckte, dass unser Gehirn im Ruhezustand keineswegs inaktiv ist. Vielmehr aktiviert es ein Netzwerk von Gehirnregionen, das er als "Default Mode Network" bezeichnete – ein System, das für divergentes Denken und kreative Einsichten entscheidend zu sein scheint. Übermäßige Stimulation und ständige Aufgabenwechsel können diese kreative Grundaktivität unterdrücken.

Ein faszinierendes Beispiel für den Zusammenhang zwischen Einfachheit und Kreativität findet sich in der Geschichte von John Lennon, der erzählte, wie der Song "Nowhere Man" zu ihm kam: "Ich hatte stundenlang versucht, etwas zu schreiben, ohne Erfolg. Ich gab auf, legte mich hin und dann kam es zu mir." Diese Erfahrung des "Loslassens" als Voraussetzung für Kreativität findet sich in unzähligen Berichten von Künstlern, Wissenschaftlern und Innovatoren.

Lukas, ein Software-Entwickler, beschrieb ein ähnliches Phänomen: "Meine besten Lösungen kommen mir nie, wenn ich angestrengt vor dem Bildschirm sitze. Sie kommen beim Laufen, beim Kochen, oder kurz vor dem Einschlafen – in Momenten, in denen ich mental loslasse und meinen Gedanken freien Lauf lasse."

Diese Erkenntnisse legen nahe, dass die Kultivierung von Einfachheit – in Form von Ruhephasen, Monotasking und bewussten Pausen in der Informationsaufnahme – nicht nur unserem Wohlbefinden dient, sondern auch unsere kreativen Fähigkeiten fördert.

Reflexionsfragen:

1. In welchen Situationen hast du das "Überflussparadoxon" erlebt – Momente, in denen zu viele Wahlmöglichkeiten dich überfordert haben?

2. Welche einfachen, repetitiven Tätigkeiten helfen dir, deinen Geist zu beruhigen? Wann kommen dir die besten Ideen?

3. Wie könntest du mehr Pausen und "unproduktive" Zeit in deinen Alltag integrieren, um dein Default Mode Network zu aktivieren?

Teil 2: Loslassen - Der Weg zur Einfachheit

Materielles Loslassen

"Der Preis der Freiheit ist nicht nur Wachsamkeit, sondern auch Einfachheit." – Montesquieu

Nach unserer philosophischen Erkundung der Einfachheit wenden wir uns nun der praktischen Umsetzung zu. Der Weg zur Einfachheit beginnt oft mit dem Materiellen – nicht weil Besitz an sich problematisch wäre, sondern weil unsere Beziehung zu materiellen Dingen so viel über unsere tieferen Anhaftungen verrät.

Entrümpeln mit Bewusstsein: Mehr als nur Aufräumen

Entrümpeln ist in den letzten Jahren zu einem kulturellen Phänomen geworden, doch wahres "Entrümpeln mit Bewusstsein" geht tiefer als bloßes Aufräumen. Es ist ein Prozess der Selbstreflexion und des bewussten Entscheidens, welche Objekte tatsächlich zu unserem Wohlbefinden beitragen.

Der wesentliche Unterschied liegt in der Herangehensweise: Während konventionelles Aufräumen oft bei der Frage ansetzt "Was kann weg?", beginnt bewusstes Entrümpeln mit der Frage "Was will ich behalten und warum?". Diese Perspektivenverschiebung führt uns von einer negativen, verlustorientierten Einstellung zu einer positiven, wahlorientieren Haltung.

Ein wirksamer Ansatz ist die "Leere-Raum-Methode": Statt einen überfüllten Raum zu entrümpeln, räumst du alles heraus und bringst nur das zurück, was du wirklich brauchst oder liebst. Dieser radikale Ansatz zwingt dich, jedes Objekt bewusst zu wählen, statt passiv zu entscheiden, was wegkann.

Sarah, eine dreifache Mutter, berichtete von ihrer Erfahrung mit dieser Methode: "Ich hatte jahrelang versucht, unser Wohnzimmer aufzuräumen, aber es wurde immer wieder chaotisch. Dann räumten wir es komplett leer – bis auf die Möbel. Drei Wochen lang brachten wir nur Dinge zurück, die wir tatsächlich benutzten oder die uns Freude bereiteten. Am Ende hatten wir etwa 70% weniger Gegenstände im Raum, und zum ersten Mal fühlte er sich wirklich wie ein Ort der Erholung an."

Die emotionale Bindung an Besitztümer verstehen

Um erfolgreich loszulassen, müssen wir verstehen, warum das Loslassen so schwierig ist. Unsere Bindung an Besitztümer ist selten rein funktional – sie ist tief emotional und oft unbewusst.

Vier häufige emotionale Bindungstypen sind:

1. **Identitätsbindung**: "Dieser Gegenstand definiert, wer ich bin." (Die Gitarre des Musikers, der nie spielt; die Sportausrüstung des ehemaligen Athleten)

2. **Erinnerungsbindung**: "Dieser Gegenstand verbindet mich mit meiner Vergangenheit." (Souvenirs, Erbstücke, Andenken an vergangene Beziehungen)

3. **Zukunftsbindung**: "Dieser Gegenstand könnte eines Tages nützlich sein." (Das "Für-alle-Fälle"-Syndrom)

4. **Mangelbindung**: "Ich könnte mir keinen Ersatz leisten, wenn ich es brauche." (Verwurzelt in Erfahrungen des Mangels)

Das Erkennen dieser Bindungen ist der erste Schritt zu ihrer Transformation. Bei Identitätsbindungen lohnt es sich zu fragen: "Ist dieser Gegenstand Teil meiner gegenwärtigen Identität oder einer vergangenen/imaginierten Version von mir?" Bei Erinnerungsbindungen kann die Frage helfen: "Brauche ich diesen physischen Gegenstand, um die Erinnerung zu bewahren?"

Michael, ein pensionierter Ingenieur, beschrieb seinen Prozess: "Ich hatte eine Garage voller Werkzeuge, die ich seit Jahren nicht benutzt hatte. Als ich ehrlich wurde, erkannte ich, dass ich sie aufbewahrte, weil sie Teil meiner Identität als 'der praktische Mann' waren. Als ich akzeptierte, dass ich in meinem jetzigen Leben andere Prioritäten habe, konnte ich die meisten dieser Werkzeuge an jüngere Nachbarn weitergeben, die sie tatsächlich nutzen. Überraschenderweise fühlte es sich nicht wie ein Verlust an, sondern wie ein Geschenk – an sie und an mich selbst."

Praktische Methoden des bewussten Konsums

Das Entrümpeln von Bestehendem ist nur die halbe Miete – mindestens ebenso wichtig ist es, den Zufluss neuer Gegenstände bewusst zu gestalten. Bewusster Konsum bedeutet nicht Verzicht, sondern reflektierte Entscheidungen darüber, was wir in unser Leben lassen.

Einige praktische Ansätze:

- **Die 24-Stunden-Regel**: Bei nicht-essentiellen Käufen warte mindestens 24 Stunden, bevor du die Kaufentscheidung triffst. Dies durchbricht den Impulskreislauf und gibt dir Zeit zur Reflexion.

- **Die Ersatzregel**: Führe einen neuen Gegenstand nur ein, wenn du einen alten entfernst. Dies hält deine Gesamtmenge an Besitz konstant.

- **Qualität statt Quantität**: Investiere in wenige, hochwertige Gegenstände statt in viele billige. Qualitätsgegenstände halten länger, bereiten mehr Freude und enden seltener auf der Mülldeponie.

- **Die Leihkultur**: Für selten genutzte Gegenstände erkunde Möglichkeiten des Leihens oder Teilens. Dies reduziert nicht nur Besitz, sondern fördert auch Gemeinschaft.

Elena, eine junge Architektin, teilt ihre Erfahrung: "Ich habe mir angewöhnt, vor jedem Kauf drei Fragen zu stellen: Brauche ich es wirklich? Bringt es mir anhaltende Freude? Und was passiert damit am Ende seiner Lebensdauer? Diese einfachen Fragen haben mein Konsumverhalten komplett verändert. Ich kaufe viel weniger, aber was ich kaufe, schätze ich wirklich."

Die Praxis des bewussten Konsums erstreckt sich auch auf immaterielle "Käufe" wie Abonnements, Mitgliedschaften und digitale Dienste. Jeder dieser Dienste beansprucht nicht nur finanzielles, sondern auch mentales Kapital und Zeit – unsere wertvollsten Ressourcen.

Das Ziel materiellen Loslassens ist nicht die völlige Besitzlosigkeit, sondern eine bewusste, freiheitsfördernde Beziehung zu materiellen Dingen. Wie der Philosoph Epicurus bemerkte: "Nichts ist genug für den Menschen, für den genug zu wenig ist." Wahre Einfachheit entsteht nicht durch Mangel, sondern durch die tiefe Zufriedenheit mit dem, was genug ist.

Reflexionsfragen:

1. Welche Bereiche deines materiellen Lebens fühlen sich am meisten überladen an? Wo spürst du das stärkste Verlangen nach Vereinfachung?

2. Welchen emotionalen Bindungstyp erkennst du am häufigsten in deiner Beziehung zu Besitztümern?

3. Wenn du einen Raum in deinem Zuhause komplett leer räumen und nur das Wesentliche zurückbringen könntest, welcher wäre es und was würdest du behalten?

Mentales Loslassen

"Der Geist ist sein eigener Ort und kann in sich selbst den Himmel zur Hölle und die Hölle zum Himmel machen." – John Milton

So wichtig das materielle Loslassen ist, die tiefere Herausforderung liegt im mentalen Bereich. Unser Geist kann ein Ort unendlicher Komplexität sein – ein Labyrinth aus Gedanken, Erinnerungen, Sorgen, Plänen und Fantasien. Mentales Loslassen bedeutet, Klarheit in diesem inneren Raum zu finden, ohne ihn zu entleeren oder zu unterdrücken.

Gedankliche Überfrachtung erkennen

Der erste Schritt ist, anzuerkennen, dass wir oft mental überfrachtet sind. Die Symptome können subtil sein: ständiges Gedankenkreisen, Schwierigkeiten einzuschlafen, Konzentrationsprobleme, emotionale Reizbarkeit oder ein vages Gefühl der Überwältigung.

Die moderne Informationsgesellschaft fordert von uns, mehr zu verarbeiten als je zuvor in der Menschheitsgeschichte. Unser Gehirn, evolutionär an eine informationsärmere

Umgebung angepasst, reagiert darauf oft mit dem, was Psychologen als "kognitive Überbelastung" bezeichnen – einem Zustand, in dem unsere mentalen Verarbeitungssysteme überfordert sind.

David, ein Management-Berater und Familienvater, beschrieb es so: "Ich hatte nicht realisiert, wie überladen mein Geist war, bis ich mir Zeit für eine zehntägige Schweigeretreat nahm. Die ersten drei Tage waren quälend – mein Geist sprang wie verrückt von einer unerledigten Aufgabe zur nächsten, von einer Sorge zur anderen. Dann begann etwas Erstaunliches: Die mentale Überhitzung kühlte ab, und ich konnte zum ersten Mal seit Jahren klar denken. Ich erkannte, dass ich in einem ständigen Zustand geistiger Überfrachtung gelebt hatte, ohne es zu bemerken."

Diese Erfahrung ist nicht ungewöhnlich. Oft erkennen wir die mentale Überfrachtung erst, wenn wir einen Schritt zurücktreten – ähnlich wie wir den Lärm in einem Raum erst bemerken, wenn er plötzlich verstummt.

Techniken zur Beruhigung des ruhelosen Geistes

Zum Glück gibt es bewährte Methoden, um einen überfrachteten Geist zu beruhigen. Diese Praktiken zielen nicht darauf ab, das Denken zu unterdrücken, sondern eine gesündere Beziehung zu unseren Gedanken zu entwickeln.

1. Gedanken externalisieren: Ein einfacher, aber wirksamer Ansatz ist das regelmäßige Ausschreiben von Gedanken. Dies leert nicht nur den Geist, sondern ermöglicht auch, unsere Gedanken aus einer gewissen Distanz zu betrachten. Therapeuten empfehlen oft ein "Sorgentagebuch" vor dem Schlafengehen, um nächtliches Grübeln zu reduzieren.

2. "Gedanken sind nicht Tatsachen": Diese einfache Erkenntnis aus der Achtsamkeitspraxis kann transformativ sein. Indem wir lernen, unsere Gedanken als mentale Ereignisse zu beobachten, nicht als absolute Wahrheiten, gewinnen wir Freiheit von ihrer Tyrannei.

Eine hilfreiche Übung ist, Gedanken mit "Ich bemerke, dass ich denke..." einzuleiten. Statt "Ich bin ein Versager" wird daraus "Ich bemerke, dass ich denke, ich sei ein Versager". Diese kleine sprachliche Verschiebung schafft den entscheidenden Abstand zwischen uns und unseren Gedanken.

3. Die 5-4-3-2-1-Methode: Eine schnelle Technik zur Verankerung im Jetzt ist, fünf Dinge zu benennen, die man sehen kann, vier Dinge, die man hören kann, drei Dinge, die man fühlen kann, zwei Dinge, die man riechen kann und eine

Sache, die man schmecken kann. Diese einfache
Übung zieht die Aufmerksamkeit von kreisenden
Gedanken zurück in die sinnliche Erfahrung.

4. Die Rückgabe mentaler "To-dos": Viele von
uns tragen ständig eine mentale Liste unerledigter
Aufgaben mit sich herum. Das bewusste Notieren
dieser Aufgaben in einem zuverlässigen System
(digital oder analog) erlaubt es dem Geist, sie
loszulassen, in dem Wissen, dass nichts vergessen
wird.

Amira, eine Ärztin, die lange mit chronischer
Überarbeitung kämpfte, teilte ihre Erfahrung:
"Die größte Veränderung in meinem mentalen
Wohlbefinden kam, als ich aufhörte, alle
kommenden Aufgaben in meinem Kopf zu
behalten. Ich entwickelte ein einfaches System
aus täglichen Listen und wöchentlichen
Überprüfungen. Das Wissen, dass alles erfasst ist,
gab meinem Geist die Erlaubnis, im
gegenwärtigen Moment zu sein, statt ständig die
Zukunft zu proben."

Meditation als Weg zur mentalen Klarheit

Meditation ist eine der ältesten und bewährtesten Methoden zur Kultivierung mentaler Einfachheit. Entgegen landläufiger Vorstellungen zielt Meditation nicht darauf ab, den Geist zu leeren – ein Unterfangen, das für die meisten Menschen unmöglich wäre. Vielmehr geht es darum, eine bewusste, nicht-reaktive Beziehung zu unseren Gedanken zu entwickeln.

Eine grundlegende Meditationspraxis kann so einfach sein wie:

1. Finde einen ruhigen Ort und setze dich in einer komfortablen, aufrechten Position.

2. Richte deine Aufmerksamkeit auf eine einfache Ankererfahrung, wie deinen Atem oder Körperempfindungen.

3. Wenn dein Geist wandert (was er unvermeidlich tun wird), bemerke dies freundlich und kehre zum Anker zurück.

4. Beginne mit kurzen Perioden (5-10 Minuten) und verlängere sie allmählich.

Das Revolutionäre an dieser einfachen Praxis ist die Kultivierung dessen, was Buddhisten "Gewahrsein" nennen – die Fähigkeit, unsere Erfahrung zu beobachten, ohne von ihr mitgerissen zu werden. Dieses Gewahrsein ist wie ein offener Himmel, in dem Gedanken wie Wolken kommen und gehen können, ohne den Raum selbst zu verändern.

Jakob, ein ehemaliger Skeptiker, der seit drei Jahren meditiert, beschrieb seine Erfahrung: "Ich dachte immer, Meditation sei esoterischer Nonsens. Was mich überzeugte, waren die wissenschaftlichen Studien zu ihren Effekten auf das Gehirn. Was mich dabei bleiben ließ, war die Erfahrung selbst. Ich bin nicht 'entspannter' geworden – manchmal bin ich sogar bewusster über schwierige Emotionen. Aber ich bin weniger in ihnen gefangen. Es ist, als hätte ich einen inneren Raum gefunden, in dem ich atmen kann, selbst wenn Sturm ist."

Die Einfachheit der Meditation liegt nicht in der Abwesenheit von Gedanken, sondern in der einfachen, direkten Beziehung zu unserer Erfahrung – einer Beziehung, die nicht durch endlose Interpretationen, Bewertungen und Geschichten verkompliziert wird.

Reflexionsfragen:

1. Welche Anzeichen mentaler Überfrachtung erkennst du in deinem eigenen Leben?

2. Welche wiederkehrenden Gedankenmuster bemerkt du in deinem Geist? Welche sind hilfreich, welche hinderlich?

3. Welchen einfachen Anker könntest du im Alltag nutzen, um in Momenten gedanklicher Überfrachtung zum gegenwärtigen Moment zurückzukehren?

Digitales Loslassen

"Wir erschaffen unsere Werkzeuge, und danach formen unsere Werkzeuge uns." – Marshall McLuhan

In der heutigen Welt ist ein wesentlicher Aspekt des Loslassens der bewusste Umgang mit digitalen Technologien. Diese Werkzeuge haben unser Leben in vielerlei Hinsicht bereichert, doch ihre allgegenwärtige Präsenz und der ständige Informationsfluss, den sie ermöglichen, stellen eine einzigartige Herausforderung für unser Streben nach Einfachheit dar.

Ständige Erreichbarkeit

Wir leben in einer Zeit beispielloser Konnektivität. Smartphones, Laptops, Tablets und eine wachsende Anzahl vernetzter Geräte ermöglichen uns, ständig erreichbar zu sein – für Arbeitgeber, Freunde, Familie und die endlose Flut von Nachrichten und Benachrichtigungen.

Diese kontinuierliche Verbindung hat ihren Preis. Studien zeigen, dass die bloße Anwesenheit eines Smartphones – selbst wenn es ausgeschaltet ist – unsere kognitive Leistungsfähigkeit reduzieren kann. Das Phänomen des "Phantom-Vibrierens" – das Gefühl, dass unser Telefon vibriert, wenn es das nicht tut – zeigt, wie tief diese Geräte unser Nervensystem programmiert haben.

Die ständige Erreichbarkeit verwischt auch die Grenzen zwischen verschiedenen Lebensbereichen. Arbeit dringt ins Privatleben ein, soziale Medien begleiten uns ins Schlafzimmer, und selbst Momente der Natur werden durch die Linse der Kamera gefiltert, bereit, sofort geteilt zu werden.

Thomas, ein ehemaliger Tech-Executive, beschrieb seine Erfahrung: "Die absurdeste Erkenntnis kam, als ich nach Jahren ständiger Erreichbarkeit einen dreitägigen Camping-Trip ohne Telefon machte. Am ersten Tag fühlte ich mich wie ein Amputierter – ich griff ständig nach einem Gerät, das nicht da war. Am dritten Tag fühlte ich mich so wach und präsent wie seit meiner Kindheit nicht mehr. Ich erkannte, dass das, was ich für Effizienz gehalten hatte, tatsächlich eine subtile Form der Abhängigkeit war."

Digital Detox

Strategien für eine bewusste Mediennutzung

Das Konzept des "Digital Detox" – einer bewussten Pause von digitaler Technologie – gewinnt aus gutem Grund an Popularität. Solche Pausen erlauben uns, unsere Beziehung zur Technologie neu zu kalibrieren und Muster zu erkennen, die wir im alltäglichen digitalen Rauschen übersehen.

Ein vollständiger Digital Detox muss nicht extrem sein. Hier sind abgestufte Ansätze:

1. Mikro-Detox: Beginne mit kleinen, aber konsequenten technikfreien Zeiten – etwa die erste Stunde nach dem Aufwachen oder die letzte Stunde vor dem Schlafengehen. Diese Übergangszeiten sind besonders wichtig für unseren circadianen Rhythmus und mentale Klarheit.

2. Medien-Sabbat: Bestimme einen Tag pro Woche (oder pro Monat) als technikfreie Zeit. Nutze diese Zeit für Aktivitäten, die volle Präsenz erfordern – Zeit in der Natur, persönliche Gespräche, kreative Projekte oder einfach Ruhe.

3. Benachrichtigungs-Fasten: Schalte alle nicht-essentiellen Benachrichtigungen ab. Die meisten Apps sind darauf programmiert, unsere Aufmerksamkeit zu gewinnen, nicht um uns zu dienen. Ein radikaler Ansatz ist, alle Benachrichtigungen zu deaktivieren und dann nur die wenigen wieder einzuschalten, die wirklich unmittelbare Aufmerksamkeit verdienen.

4. Bewusste Social-Media-Nutzung: Statt passives Scrollen, entscheide im Voraus, wie viel Zeit du auf welchen Plattformen verbringen möchtest und wofür. Nutze Timer oder Apps, die nach der festgelegten Zeit den Zugang blockieren.

Maria, eine Lehrerin und Mutter zweier Teenager, berichtete von ihrer Erfahrung: "Unsere Familie führte 'technikfreie Sonntage' ein – keine Telefone, keine Laptops, kein Fernsehen. Die ersten Male waren angespannt. Die Kinder beschwerten sich über Langeweile, mein Mann und ich ertappten uns dabei, wie wir nervös nach unseren Phones griffen. Aber nach einigen Wochen veränderte sich etwas. Wir begannen Brettspiele zu spielen, zusammen zu kochen, lange Spaziergänge zu machen. Jetzt sind diese Sonntage für uns alle heilig – eine Insel der Ruhe in einer hektischen Woche."

Technologie als Werkzeug, nicht als Herrscher

Das Ziel ist nicht, Technologie zu verteufeln oder gänzlich zu meiden – ein unrealistisches und unnötiges Extrem in der modernen Welt. Vielmehr geht es darum, unsere Beziehung zu diesen Werkzeugen bewusst zu gestalten, so dass sie uns dienen, statt uns zu beherrschen.

Praktische Schritte dafür sind:

1. Technologie-Audit: Führe regelmäßig ein "Audit" deiner digitalen Werkzeuge durch. Frage bei jeder App, jedem Abonnement, jeder digitalen Gewohnheit: Bringt mir dies echten Wert? Steht der Nutzen im Verhältnis zur investierten Zeit und Aufmerksamkeit?

2. Werkzeug statt Umgebung: Behandle digitale Dienste als Werkzeuge, die du aufnimmst und wieder weglegst, nicht als Umgebungen, in denen du lebst. Dies bedeutet, mit klarer Absicht einzuloggen und auszuloggen, statt in einem Zustand permanenter Konnektivität zu verweilen.

3. Technologische Mindestintervention: Frage dich bei jeder digitalen Lösung: Ist dies die einfachste Art, dieses Problem zu lösen? Manchmal ist ein Notizbuch effektiver als eine App, ein kurzes Gespräch besser als eine lange E-Mail-Kette.

4. Kuratierte Informationsdiät: So wie wir unsere Ernährung bewusst gestalten können, können wir auch unsere "Informationsdiät" kuratieren. Wähle sorgfältig, welchen Quellen du Zugang zu deiner Aufmerksamkeit gewährst – dem vielleicht wertvollsten Gut im Informationszeitalter.

David, ein erfolgreicher Unternehmer, beschrieb seinen Ansatz: "Ich habe mein Smartphone so eingerichtet, dass es langweilig ist. Keine

sozialen Medien, keine News-Apps, keine Spiele.
Nur die Werkzeuge, die ich für meine Arbeit und
Kommunikation brauche. Am Anfang fühlte es
sich an wie ein Verlust. Jetzt empfinde ich es als
Befreiung. Mein Telefon ist wieder ein Werkzeug
in meiner Hand, nicht ein Parasit an meiner
Aufmerksamkeit."

Die digitale Einfachheit bereichert unser Leben
nicht durch Verzicht, sondern durch bewusste
Wahl. Sie gibt uns die Kontrolle zurück und
erlaubt uns, Technologie für ihre wahren Stärken
zu nutzen – uns zu verbinden, zu informieren und
zu unterstützen, ohne uns zu dominieren.

Reflexionsfragen:

1. Welche digitalen Gewohnheiten
   verursachen bei dir das meiste Gefühl von
   Überladung oder Stress?

2. Welche technikfreien Zeiten könntest du
   realistisch in deinen Alltag integrieren?

3. Wenn du deine digitalen Werkzeuge nach
   ihrem wahren Wert für dein Leben
   sortieren würdest, welche würdest du
   behalten, welche modifizieren, welche
   eliminieren?

Sozialer Ballast

"Sage mir, mit wem du umgehst, und ich sage dir, wer du bist." – Johann Wolfgang von Goethe

So wichtig materielle und digitale Vereinfachung sind, eine der tiefgreifendsten – und oft übersehenen – Dimensionen der Einfachheit betrifft unsere sozialen Beziehungen. Die Menschen, mit denen wir unsere Zeit und Energie teilen, haben einen enormen Einfluss auf unser Wohlbefinden, unsere Werte und sogar unsere Identität.

Toxische Beziehungen erkennen und transformieren

Nicht alle Beziehungen in unserem Leben sind förderlich. Manche entziehen uns mehr Energie, als sie geben, verstricken uns in unnötige Komplexität oder halten uns in alten, ungesunden Mustern gefangen.

Anzeichen für potenziell toxische Beziehungen sind:

- Du fühlst dich nach Interaktionen regelmäßig erschöpft statt belebt

- Die Beziehung ist von chronischer Negativität, Kritik oder Urteil geprägt

- Du fühlst dich unter Druck, eine Version von dir zu sein, die nicht authentisch ist

- Es gibt ein dauerhaftes Ungleichgewicht im Geben und Nehmen

- Probleme werden nie wirklich gelöst, sondern kehren in endlosen Schleifen wieder

Das Erkennen solcher Muster ist der erste Schritt. Der nächste ist die Entscheidung, wie damit umzugehen ist. Nicht jede schwierige Beziehung muss beendet werden – oft ist Transformation möglich durch klare Kommunikation, Grenzsetzung oder Veränderung der eigenen Einstellung.

Lisa, eine Künstlerin, beschrieb ihre Erfahrung: "Eine Freundschaft, die mich jahrelang belastet hatte, veränderte sich vollständig, als ich begann, ehrlich über meine Bedürfnisse zu sprechen und konsequent Grenzen zu setzen. Ich hatte angenommen, meine einzigen Optionen seien, alles zu schlucken oder die Freundschaft zu beenden. Die Möglichkeit, die Beziehung zu transformieren, hatte ich nicht in Betracht gezogen."

In anderen Fällen kann die bewusste Entscheidung, eine Beziehung zu beenden oder signifikant zu reduzieren, der gesündeste Weg sein. Wie der Zen-Lehrer Noah Rasheta bemerkt: "Manchmal ist das größte Geschenk, das wir uns selbst machen können, der Mut, loszulassen, was uns nicht mehr dient."

Grenzen setzen ohne Schuldgefühle

Das Setzen gesunder Grenzen ist eine der wichtigsten Fähigkeiten für ein einfacheres soziales Leben, doch für viele auch eine der schwierigsten. Besonders Menschen mit einer starken Neigung zu Mitgefühl und Fürsorge kämpfen oft mit der Angst, andere zu enttäuschen oder als egoistisch wahrgenommen zu werden.

Einige Grundprinzipien für gesunde Grenzen:

1. Erkenne, dass Grenzen ein Akt der Selbstfürsorge sind, nicht der Selbstsucht. Wie im Flugzeug gilt: Setze zuerst deine eigene Sauerstoffmaske auf, bevor du anderen hilfst.

2. Grenzen beginnen mit klarer, direkter Kommunikation. "Ich habe dienstags keine Zeit" ist klarer als "Dienstags ist schwierig für mich".

3. Grenzen müssen nicht gerechtfertigt werden. "Nein" ist ein vollständiger Satz. Während Erklärungen manchmal hilfreich sind, schafft übermäßiges Rechtfertigen oft Raum für Verhandlung, wo keiner sein sollte.

4. Konsequenz ist entscheidend. Grenzen, die ständig überschritten werden dürfen, werden nicht als real wahrgenommen.

5. Grenzen sind dynamisch. Sie können und sollten je nach Lebensphase, Energie und Kontext angepasst werden.

Thomas, ein ehemaliger "People-Pleaser", teilte seine Erfahrung: "Das Grenzen-Setzen fiel mir anfangs unglaublich schwer. Ich war überzeugt, dass mein Wert als Mensch davon abhing, für andere da zu sein. Der Wendepunkt kam, als ich erkannte, dass meine grenzenlosen Beziehungen tatsächlich oberflächlicher waren als die mit klaren Grenzen. Echte Intimität entsteht nicht, wenn wir uns selbst verleugnen, sondern wenn wir uns authentisch zeigen – mit unseren Bedürfnissen und Grenzen."

Die Qualität sozialer Verbindungen über Quantität stellen

Eine gesellschaftliche Tendenz, die der Einfachheit entgegensteht, ist das Streben nach quantitativ vielen statt qualitativ tiefen Beziehungen. Die Zahl der "Freunde" in sozialen Netzwerken, weitläufige berufliche Kontakte, oder ein voller sozialer Kalender gelten oft als Statussymbole – doch sie können uns von den Verbindungen ablenken, die wirklich nähren.

Der Anthropologe Robin Dunbar hat durch Forschung gezeigt, dass Menschen kognitiv nur etwa 150 soziale Beziehungen gleichzeitig aufrechterhalten können – und nur etwa 5-15 wirklich enge, bedeutungsvolle Beziehungen. Diese "Dunbar-Zahl" erinnert uns an die natürlichen Grenzen unserer sozialen Kapazität.

Das bewusste Kultivieren tieferer Beziehungen mit weniger Menschen kann zu größerer Erfüllung führen als das Aufrechterhalten vieler oberflächlicher Kontakte. Tiefe Verbindungen bieten emotionale Sicherheit, echten Austausch und die Freiheit, authentisch zu sein – Qualitäten, die zu echter Lebensqualität beitragen.

Emma, eine Beraterin, die früher stolz auf ihr weitläufiges Netzwerk war, beschrieb ihre Transformation: "Ich pflegte mich mit der Zahl der Visitenkarten zu brüsten, die ich bei Networking-Events sammelte. Heute messe ich erfolgreiche Beziehungen an der emotionalen Tiefe und Ehrlichkeit, die möglich ist. Ich habe meinen Fokus auf weniger, aber tiefere Verbindungen verschoben, und die Qualität meines sozialen Lebens hat sich dramatisch verbessert."

Ein praktischer Ansatz zur sozialen Vereinfachung ist der "Beziehungskreis" – eine bewusste Bestandsaufnahme und Priorisierung sozialer Verbindungen:

- **Innerer Kreis**: Die 3-5 Menschen, die dir am nächsten stehen und mit denen du regelmäßig tiefe, bedeutungsvolle Verbindung pflegst

- **Mittlerer Kreis**: 10-15 wichtige Freundschaften, die du aktiv, wenn auch weniger intensiv, pflegst

- **Äußerer Kreis**: Weitere Bekanntschaften, die du mit Wohlwollen, aber ohne aktives Investment aufrechterhältst

Diese Kartierung hilft, bewusste Entscheidungen über die Investition deiner sozialen Energie zu treffen. Sie erlaubt dir, großzügig mit deiner Präsenz für den inneren Kreis zu sein, während du realistische Erwartungen für den äußeren Kreis setzt.

Einfachheit im sozialen Leben bedeutet nicht Isolation oder soziale Verarmung. Im Gegenteil, sie schafft Raum für authentische Begegnung, indem sie uns von der Last oberflächlicher Verpflichtungen befreit. Wie Thoreau bemerkte: "Ich hatte drei Stühle in meinem Haus; einen für die Einsamkeit, zwei für die Freundschaft, drei für die Gesellschaft."

Reflexionsfragen:

1. Welche Beziehungen in deinem Leben geben dir Energie und welche kosten dich Energie?

2. Wo fällt es dir am schwersten, gesunde Grenzen zu setzen? Was hält dich davon ab?

3. Wenn du deinen "Beziehungskreis" zeichnen würdest, wer würde im inneren, wer im mittleren, wer im äußeren Kreis stehen?

Teil 3: Sein - Leben in Einfachheit

Der einfache Alltag

"Die normale Tätigkeit ist außergewöhnlich, wenn sie mit Achtsamkeit ausgeführt wird." – Thich Nhat Hanh

Nach dem Verstehen der Einfachheit und dem Loslassen des Überflüssigen wenden wir uns nun dem Sein zu – dem Leben in Einfachheit. Der Alltag bietet unzählige Gelegenheiten, Einfachheit zu praktizieren und zu verkörpern, unabhängig von unseren äußeren Umständen.

Routinen, die Freiheit schaffen

Paradoxerweise kann bewusste Routine eine Quelle von Freiheit sein. Wenn grundlegende Abläufe des Alltags zur Gewohnheit werden, entlasten sie uns von ständiger Entscheidungsfindung und schaffen geistigen Raum für Kreativität und Präsenz.

Erfolgreiche Künstler, Schriftsteller und Denker berichten oft von der befreienden Kraft der Routine. Der Komponist Johann Sebastian Bach stand jeden Tag um fünf Uhr auf und begann mit denselben musikalischen Übungen. Die Schriftstellerin Maya Angelou mietete stets ein

Hotelzimmer zum Schreiben und arbeitete jeden Tag von 7 bis 14 Uhr. Diese Routinen schränkten sie nicht ein – sie schufen den Rahmen, in dem ihre Kreativität fließen konnte.

Der Psychologe William James prägte den Begriff "Entscheidungsmüdigkeit" – die Beobachtung, dass die Qualität unserer Entscheidungen mit jeder weiteren Entscheidung des Tages abnimmt. Einfache Routinen reduzieren die Zahl unnötiger Entscheidungen und bewahren unsere mentale Energie für das Wesentliche.

Praktische Ansätze zur Entwicklung befreiender Routinen:

1. Morgen- und Abendritual: Etabliere kurze, aber bedeutungsvolle Übergänge zu Beginn und Ende des Tages. Diese Rituale – sei es Meditation, Journaling, ein Spaziergang oder einfach eine Tasse Tee in Stille – markieren die Grenzen des Tages und verankern uns im gegenwärtigen Moment.

2. Themenfokus für verschiedene Tage: Statt zu versuchen, jeden Tag alles zu erledigen, widme verschiedene Tage verschiedenen Fokusthemen. Zum Beispiel: Montag für administrative Aufgaben, Dienstag für kreative Projekte, Mittwoch für Meetings, und so weiter.

3. Entscheidungen vereinfachen: Reduziere die Notwendigkeit alltäglicher Entscheidungen. Ein klassisches Beispiel ist die Garderobe: Weniger, aber vielseitigere Kleidungsstücke, die gut kombinierbar sind, verringern den morgendlichen Entscheidungsaufwand.

4. Wöchentliche Grundroutinen für Haushalt: Statt reaktiv zu putzen, wenn es schmutzig wird, etabliere einfache wöchentliche Routinen für Grundreinigung, Wäsche, Einkauf. Dies verhindert das Gefühl, ständig hinterherzulaufen, und schafft mentalen Raum.

Javier, ein vielbeschäftigter Unternehmer und Vater von drei Kindern, beschrieb es so: "Ich hatte immer gedacht, Spontaneität sei der Schlüssel zu einem erfüllten Leben. Doch als meine Kinder kamen und mein Unternehmen wuchs, wurde diese 'Spontaneität' zu Chaos. Als ich begann, einfache Tagesroutinen zu etablieren, geschah etwas Erstaunliches: Ich fühlte mich freier, nicht eingeschränkter. Die wirklich wichtigen Dinge bekamen Raum, weil ich nicht ständig das Grundlegende neu organisieren musste."

Langsames Leben in einer schnellen Welt

Die heutige Gesellschaft preist Geschwindigkeit und Effizienz als höchste Tugenden. Wir streben danach, mehr in weniger Zeit zu erledigen, schneller zu kommunizieren, schneller zu konsumieren, schneller zu leben. Diese Beschleunigung hat jedoch ihren Preis: flache Erfahrungen, Stress und ein kontinuierliches Gefühl des Hinterhereilens.

Die "Slow Movement" – eine kulturelle Gegenbewegung, die in den 1980er Jahren mit Slow Food begann und sich auf Bereiche wie Slow Living, Slow Fashion, sogar Slow Parenting ausgedehnt hat – erinnert uns daran, dass die Qualität einer Erfahrung oft mit der Zeit zusammenhängt, die wir ihr widmen.

Langsames Leben bedeutet nicht, alles in Zeitlupe zu tun. Es bedeutet, bewusst zu entscheiden, wann Geschwindigkeit angebracht ist und wann Langsamkeit wertvoll ist – und den Mut zu haben, gegen den Strom zu schwimmen, wenn nötig.

Praktische Schritte zum langsameren Leben:

1. Unitasking statt Multitasking: Widme dich einer Aufgabe mit voller Aufmerksamkeit, statt mehrere gleichzeitig zu jonglieren. Studien zeigen, dass Multitasking nicht nur die Qualität der Arbeit, sondern auch unser Wohlbefinden beeinträchtigt.

2. Eingebaute Pausen: Plane bewusst Pausen zwischen Aktivitäten ein, statt jede Minute zu füllen. Diese Übergänge erlauben mentales Reset und bewusstes Beginnen der nächsten Tätigkeit.

3. "Langsame Zonen": Bestimme Bereiche deines Lebens, in denen du dich bewusst der Beschleunigung widersetzt. Dies könnten Mahlzeiten sein, Zeit mit Kindern, kreative Projekte oder persönliche Rituale.

4. Die "Nicht-To-Do-Liste": Erstelle neben der üblichen To-Do-Liste auch eine Liste von Dingen, die du bewusst nicht tun wirst – Aktivitäten, die Zeit und Energie verschlingen ohne entsprechenden Wert zu bieten.

Sophia, eine Ärztin, die nach einem Burnout ihr Leben transformierte, teilte ihre Erfahrung: "Ich hatte verinnerlicht, dass ständige Eile ein Zeichen von Wichtigkeit sei. Langsamer zu werden fühlte sich anfangs wie Versagen an. Dann begann ich, die Qualität meiner Arbeit und meines Lebens zu beobachten, wenn ich bewusst entschleunigte. Ich stellte fest, dass ich nicht nur glücklicher war, sondern paradoxerweise auch effektiver – weil ich präsenter und klarer war in dem, was ich tat."

Einfache Ernährung und Bewegung

Kaum ein Bereich unseres Lebens ist so von Komplexität und widersprüchlichen

Informationen geprägt wie Ernährung und Fitness. Diäten, Nahrungsergänzungsmittel, Trainingsprogramme – die Fülle an Optionen und Meinungen kann überwältigend sein.

Doch die Grundprinzipien gesunder Ernährung und Bewegung sind erstaunlich einfach und über Kulturen und Zeiten hinweg konsistent. Der Journalist und Ernährungsautor Michael Pollan fasste es prägnant zusammen: "Iss Nahrung. Nicht zu viel. Hauptsächlich Pflanzen."

Einfache Ernährung bedeutet:

- Bevorzugung wenig verarbeiteter, naturbelassener Lebensmittel

- Reduzierung von Zucker, raffinierten Kohlenhydraten und industriellen Ölen

- Bewusstes Essen mit Aufmerksamkeit für Hunger- und Sättigungssignale

- Wertschätzung von Qualität über Quantität

- Freude am Essen als soziales und sinnliches Erlebnis

Einfache Bewegung bedeutet:

- Regelmäßige, moderate Aktivität in den Alltag integrieren (Gehen, Treppensteigen, Gartenarbeit)

- Bevorzugung natürlicher Bewegungsformen über komplizierte Fitnessgeräte

- Bewegung als Freude und Selbstfürsorge, nicht als Bestrafung oder reine Leistung

- Verbindung mit dem Körper und seinen Signalen statt strikter externer Regeln

Marco, ein ehemaliger Fitness-Enthusiast, der nach Jahren komplizierter Ernährungspläne und intensiver Trainingsprogramme zu einem einfacheren Ansatz fand, erzählte: "Ich hatte Ordner voller Diät- und Trainingspläne, nahm zwölf verschiedene Nahrungsergänzungsmittel und verbrachte Stunden damit, meine Kalorien zu tracken. Heute esse ich einfache, ganze Lebensmittel, wenn ich hungrig bin, bis ich satt bin. Ich gehe täglich, mache zweimal pro Woche Krafttraining mit dem eigenen Körpergewicht und spiele am Wochenende Tennis. Ich bin gesünder und glücklicher als je zuvor – mit einem Bruchteil des Aufwands."

Die Einfachheit in Ernährung und Bewegung befreit uns von der Tyrannei ständig wechselnder Trends und erlaubt uns, auf die Weisheit des eigenen Körpers zu hören – eine Weisheit, die oft durch die Kakophonie externer "Expertenratschläge" übertönt wird.

Reflexionsfragen:

1. Welche alltäglichen Entscheidungen könntest du durch einfache Routinen ersetzen, um mentalen Raum zu schaffen?

2. In welchen Bereichen deines Lebens spürst du am stärksten den Druck zur Beschleunigung? Wo wünschst du dir mehr Langsamkeit?

3. Wie würde eine einfachere Herangehensweise an Ernährung und Bewegung für dich aussehen?

Arbeit und Einfachheit

"Die Fähigkeit, sich auf eine Sache zu konzentrieren, ist ein Merkmal des Genies." – Thomas Edison

Die Arbeit nimmt einen zentralen Platz in unserem Leben ein – nicht nur zeitlich, sondern auch in ihrer Bedeutung für unsere Identität und unser Selbstwertgefühl. In einer Kultur, die

Produktivität und Geschäftigkeit glorifiziert, kann die Arbeitswelt ein besonders herausforderndes Terrain für die Praxis der Einfachheit sein. Doch gerade hier kann Einfachheit transformative Wirkung entfalten.

Die Illusion des Multitaskings überwinden

Jahrzehntelang wurde Multitasking als Schlüsselkompetenz im Berufsleben gefeiert. Die Fähigkeit, mehrere Aufgaben gleichzeitig zu jonglieren, galt als Zeichen von Effizienz und Anpassungsfähigkeit. Die neurowissenschaftliche Forschung hat jedoch ein anderes Bild gezeichnet.

Was wir als "Multitasking" bezeichnen, ist tatsächlich "Task-Switching" – das rasche Wechseln der Aufmerksamkeit zwischen verschiedenen Aufgaben. Jeder dieser Wechsel verursacht kognitive Kosten, die Psychologen als "Switching Costs" bezeichnen. Das Ergebnis: Wenn wir versuchen, mehrere komplexe Aufgaben gleichzeitig zu erledigen, benötigen wir insgesamt mehr Zeit und machen mehr Fehler, als wenn wir sie sequentiell abarbeiten würden.

Der Produktivitätsexperte Cal Newport hat den Begriff "Attention Residue" geprägt – das Phänomen, dass Teile unserer Aufmerksamkeit bei der vorherigen Aufgabe "hängenbleiben", wenn wir zu schnell wechseln. Dies erklärt, warum wir uns nach einem Tag voller Unterbrechungen und Kontextwechsel erschöpft, aber seltsam unproduktiv fühlen können.

Die Alternative zum Multitasking ist bewusstes Monotasking – die Kunst, einer Aufgabe unsere volle, ungeteilte Aufmerksamkeit zu schenken. Diese Praxis mag in einer auf Unterbrechungen ausgelegten Arbeitskultur radikal erscheinen, kann aber zu dramatischen Verbesserungen in Produktivität und Wohlbefinden führen.

Praktische Strategien für erfolgreiches Monotasking:

1. Zeitblöcke: Reserviere dedizierte Zeitblöcke für spezifische Aufgaben oder Aufgabentypen und kommuniziere diese Grenzen an Kollegen.

2. Digitale Ablenkungen minimieren: Schalte während fokussierter Arbeitsphasen Benachrichtigungen aus, schließe irrelevante Tabs und Apps und erwäge digitale Tools, die ablenkende Websites temporär blockieren.

3. Die Zwei-Minuten-Regel: Wenn eine neue Aufgabe oder Anfrage weniger als zwei Minuten benötigt, erledige sie sofort. Andernfalls notiere sie für später und bleibe bei deiner aktuellen Aufgabe.

4. Visuelle Fokussignale: In offenen Büroumgebungen können sichtbare Signale (Kopfhörer, ein bestimmtes Objekt auf dem Schreibtisch) Kollegen signalisieren, dass du gerade fokussiert arbeitest und nicht unterbrochen werden möchtest.

Lukas, ein Softwareentwickler, beschrieb seine Erfahrung: "Ich war stolz auf meine Fähigkeit, zwischen verschiedenen Projekten hin und her zu springen. In meinem Jahresgespräch erhielt ich dann Feedback, dass meine Arbeit zwar breit, aber nicht tief genug sei. Das war ein Weckruf. Ich begann, meine Arbeitstage in ungestörte 90-Minuten-Blöcke aufzuteilen, mit kurzen Pausen dazwischen. Der Unterschied war verblüffend – nicht nur in der Qualität meiner Arbeit, sondern auch in meinem Stresslevel."

Tiefe Arbeit und fokussierte Produktivität

Der Begriff "Deep Work" (Tiefe Arbeit), geprägt von Cal Newport, beschreibt "professionelle Aktivitäten, die in einem Zustand ablenkungsfreier Konzentration durchgeführt werden und kognitive Fähigkeiten bis an ihre Grenzen ausreizen." Diese Art von fokussierter, anspruchsvoller Arbeit wird in der modernen Wissensökonomie immer wertvoller – und paradoxerweise immer seltener.

Tiefe Arbeit steht im Gegensatz zu "Shallow Work" (flache Arbeit) – nichtfordernden, logistischen Aufgaben, die oft in einem Zustand der Ablenkung ausgeführt werden können. E-Mails beantworten, Meetings besuchen, Tabellen formatieren – diese "flachen" Tätigkeiten füllen zunehmend unsere Arbeitstage und verdrängen Phasen tiefer, konzentrierter Arbeit.

Die Kultivierung tiefer Arbeit erfordert bewusste Gegenbewegung zu dieser Tendenz. Einige Strategien:

1. Tiefe Arbeit planen: Behandle tiefe Arbeit nicht als Restkategorie, sondern als Priorität. Plane sie explizit in deinen Kalender ein, idealerweise zu Zeiten, in denen deine kognitive Energie am höchsten ist.

2. Ritualisiere den Einstieg: Entwickle ein persönliches Ritual, das den Übergang in tiefe Arbeit markiert – sei es ein bestimmtes Getränk, eine kurze Meditation oder das Schließen der Tür. Dieses "Einstiegsritual" signalisiert deinem Gehirn, dass es Zeit für Fokus ist.

3. Metriken für Tiefe: Anstatt nur zu messen, wie viele Aufgaben du erledigt hast, entwickle Metriken für die Tiefe deiner Arbeit. Dies könnte die Anzahl ununterbrochener Fokusblöcke, die Qualität deiner Ausgabe oder die Komplexität der gelösten Probleme sein.

4. Explizite "Flachphasen": Statt zwischen tiefer und flacher Arbeit hin und her zu springen, bündele flache Aufgaben in dedizierten Zeitblöcken. Dies reduziert die kognitiven Wechselkosten und schützt Phasen tiefer Konzentration.

Maria, eine Wissenschaftlerin, teilte ihre Erfahrung: "Ich hatte das Gefühl, nie genug Zeit für meine eigentliche Forschung zu haben – sie wurde ständig durch administrative Aufgaben, E-Mails und Meetings verdrängt. Dann begann ich, meinen Morgen (8-12 Uhr) ausschließlich für tiefe Arbeit zu reservieren, mit ausgeschaltetem Telefon und E-Mail-Client. Die Reaktionen waren gemischt – einige Kollegen waren irritiert, dass ich nicht sofort antwortete. Aber meine Forschungsproduktivität verdoppelte sich, und interessanterweise führte die klare Struktur dazu, dass ich auch die administrativen Aufgaben effizienter erledigte, wenn ich ihnen später am Tag dedizierte Zeit widmete."

Berufliche Entscheidungen aus der Perspektive der Einfachheit

Über die tägliche Arbeitsorganisation hinaus kann die Perspektive der Einfachheit auch größere berufliche Entscheidungen informieren – von der Wahl spezifischer Projekte bis hin zur grundlegenden Karriereausrichtung.

In einer Welt, die Wachstum, Aufstieg und ständige Erweiterung als selbstverständliche Ziele setzt, kann die bewusste Entscheidung für berufliche Einfachheit zunächst kontraintuitiv erscheinen. Doch sie kann zu tieferer Erfüllung und nachhaltigerem Erfolg führen.

Aspekte beruflicher Einfachheit umfassen:

1. Tiefe statt Breite: Die Entwicklung tiefer Expertise in einem spezifischen Bereich statt oberflächlicher Kompetenz in vielen. Wie Steve Jobs bemerkte: "Menschen denken, Fokus bedeute, zu allem, was du für wichtig hältst, Ja zu sagen. Aber das ist nicht so. Fokus bedeutet, zu den hundert anderen guten Ideen, die es gibt, Nein zu sagen."

2. Alignment mit persönlichen Werten: Die Ausrichtung beruflicher Entscheidungen an deinen tiefsten Werten und Stärken reduziert innere Konflikte und Energieverlust durch

Widersprüche zwischen Arbeit und authentischem Selbst.

3. Bewusste Karrieregrenzen: Die Erkenntnis, dass "genug" ein wertvolles Konzept ist – auch in der Karriereentwicklung. Dies kann bedeuten, eine Position abzulehnen, die mehr Prestige, aber auch mehr Stress und weniger Lebensqualität bringen würde.

4. Alternative Erfolgsmetriken: Die Entwicklung persönlicher Definitionen von Erfolg jenseits konventioneller Maßstäbe wie Titel, Gehalt oder Statusobjekte. Dies könnten Metriken wie Lernmöglichkeiten, Autonomie, Sinnhaftigkeit oder Work-Life-Integration sein.

Thomas, ein ehemaliger Unternehmensberater, der heute als selbstständiger Fotograf arbeitet, erzählte: "Auf dem Papier habe ich einen massiven Karriererückschritt gemacht – weniger Prestige, weniger Geld, weniger berufliche Sicherheit. Aber ich habe etwas viel Wertvolleres gewonnen: ein Leben, das sich kohärent anfühlt. Meine Tage sind nicht mehr fragmentiert in 'echtes Leben' und 'Arbeitsleben' – sie sind ein integriertes Ganzes. Diese Einfachheit war den vermeintlichen Rückschritt mehr als wert."

Die Perspektive der Einfachheit in beruflichen Entscheidungen bedeutet nicht Stagnation oder mangelnde Ambition. Im Gegenteil, sie kann zu einer klareren, fokussierteren Form von Ambition führen – einer, die auf authentischen Werten basiert und nachhaltiges Wachstum fördert.

Reflexionsfragen:

1. Wie viel Zeit deines typischen Arbeitstages verbringst du mit tiefer, fokussierter Arbeit vs. flacher, fragmentierter Arbeit?

2. Welche spezifischen Strategien könntest du implementieren, um mehr Raum für Monotasking zu schaffen?

3. Wenn du berufliche Entscheidungen ausschließlich aus der Perspektive der Einfachheit betrachten würdest, welche Veränderungen würdest du in Betracht ziehen?

Einfachheit und Authentizität

"Sei einfach du selbst. Alle anderen sind bereits vergeben." – Oscar Wilde

Eine der tiefgreifendsten und oft überraschendsten Erkenntnisse auf dem Weg zur Einfachheit ist, wie eng sie mit Authentizität verknüpft ist. Wenn wir die Schichten des Überflüssigen abschälen – in unserem Besitz, unseren Verpflichtungen, unseren Gedanken – kommen wir mehr und mehr in Kontakt mit unserem authentischen Selbst. Gleichzeitig erfordert wahre Einfachheit ein gewisses Maß an Selbsterkenntnis und den Mut zur Authentizität.

Wie Einfachheit uns zu unserem wahren Selbst führt

Die Vereinfachung unseres äußeren und inneren Lebens wirkt wie eine archäologische Expedition zum eigenen Wesenskern. Unter den Schichten von Besitztümern, Aktivitäten, Rollen und Identifikationen, die wir im Laufe der Jahre angesammelt haben, liegt etwas Fundamentaleres – ein Selbst, das weniger durch Haben und Tun definiert ist und mehr durch Sein.

Dieser Prozess der Selbstentdeckung durch Vereinfachung durchläuft oft mehrere Phasen:

1. Erkennen übernommener Muster: Wir beginnen zu unterscheiden zwischen authentischen Neigungen und übernommenen Mustern – sei es von Eltern, Kultur, sozialer Gruppe oder Medien. Die Frage "Will ich das wirklich, oder glaube ich nur, dass ich es wollen sollte?" wird zunehmend wichtig.

2. Identifikation mit Besitz lösen: Wenn wir die Identifikation mit Besitztümern lockern, entsteht Raum für tiefere Selbsterkenntnis. Die Frage verschiebt sich von "Was definiert mich?" zu "Wer bin ich jenseits dessen, was ich besitze und tue?"

3. Angst vor Urteilen reduzieren: Mit zunehmender Einfachheit nimmt oft die Angst vor sozialen Urteilen ab. Die Befreiung von der Notwendigkeit, durch Besitz oder Status zu beeindrucken, erlaubt authentischere Selbstdarstellung.

4. Zum Wesentlichen vordringen: Letztlich führt der Weg der Einfachheit zu einer tieferen Verbindung mit dem, was wirklich zählt – unseren Kernwerten, tiefsten Sehnsüchten und authentischer Lebensweise.

Lisa, eine ehemalige Modemanagerin, die heute ein bewusst einfaches Leben führt, beschrieb ihre Erfahrung: "Je mehr ich losließ – von Designer-Kleidung bis zu einem Job, der mich auslaugte – desto mehr spürte ich einen inneren Raum wachsen. In diesem Raum konnte ich zum ersten Mal klar hören, was ich wirklich wollte, nicht was andere von mir erwarteten. Es war, als hätte ich endlich die Lautstärke der Außenwelt heruntergedreht und konnte meine eigene innere Stimme hören."

Den persönlichen Kompass finden

In einer Welt voller widersprüchlicher Stimmen und externer Erwartungen ist das Finden und Befolgen des eigenen inneren Kompasses eine der größten Herausforderungen – und eine der befreiendsten Praktiken. Dieser Kompass ist nicht einfach gegeben; er muss entdeckt, kalibriert und regelmäßig konsultiert werden.

Methoden zur Entdeckung und Stärkung des persönlichen Kompasses:

1. Werte klären: Was ist dir wirklich wichtig? Nicht was sollte dir wichtig sein, sondern was bewegt dich tatsächlich? Wofür würdest du aufstehen, auch wenn niemand zusieht? Die Klarheit über persönliche Kernwerte bietet ein Fundament für authentische Entscheidungen.

2. Den inneren Rat kultivieren: Entwickle die Praxis, bei wichtigen Entscheidungen nach innen zu lauschen, bevor du externe Meinungen suchst. Dies bedeutet nicht, den Rat anderer zu ignorieren, sondern ihn im Kontext deiner eigenen Weisheit zu evaluieren.

3. Körperliche Intelligenz nutzen: Unser Körper kommuniziert oft Wahrheiten, die unser bewusster Verstand noch nicht artikulieren kann. Achte auf körperliche Signale wie Anspannung, Erleichterung, Energiezuwachs oder -abfall als Hinweise auf Alignment oder Misalignment mit deinem authentischen Pfad.

4. Regelmäßige Selbstreflexion: Reserviere Zeit für regelmäßige "Check-ins" mit dir selbst. Fragen wie "Fühlt sich mein Leben authentisch an?", "Wo ignoriere ich meine innere Stimme?" und "Was würde ich tun, wenn ich keine Angst hätte?" können wertvolle Einsichten bieten.

Michael, ein Akademiker, der nach Jahren des beruflichen Erfolgs und privater Unzufriedenheit eine radikale Lebenswende vollzog, erzählte: "Ich realisierte, dass ich einen fremden Erfolg lebte – einen, der auf dem Papier beeindruckend aussah, sich aber leer anfühlte. Der Wendepunkt kam, als ich mir erlaubte, die einfache Frage 'Was macht mich wirklich lebendig?' ehrlich zu beantworten. Die Antwort war so anders als mein damaliges Leben, dass sie mich erschreckte. Aber sie führte mich auf einen Weg, der sich endlich authentisch anfühlt."

Der Mut, einfach zu sein in einer Welt, die Komplexität belohnt

Eine der größten Herausforderungen auf dem Weg zur Einfachheit ist der soziale Gegenwind. Unsere Gesellschaft belohnt oft Komplexität, Geschäftigkeit und sichtbaren Erfolg über Einfachheit, Präsenz und innere Erfüllung. Der Entscheidung für Einfachheit folgt daher häufig die Notwendigkeit, gegen den Strom zu schwimmen.

Dies erfordert Mut – den Mut, anders zu sein, den Mut, missverstanden zu werden, und vor allem den Mut, dem eigenen inneren Wissen zu vertrauen, auch wenn es mit gängigen Narrativen in Konflikt steht.

Aspekte dieses Mutes:

1. Authentische Kommunikation: Die Fähigkeit, klar und freundlich "Nein" zu sagen zu dem, was nicht mit deinen Werten übereinstimmt, und "Ja" zu dem, was es tut – auch wenn dies bedeutet, Erwartungen zu enttäuschen oder gegen soziale Normen zu verstoßen.

2. Bescheidenheit kultivieren: In einer Kultur, die Selbstdarstellung und Eigenmarketing belohnt, erfordert es Mut, bescheiden zu bleiben und sich nicht größer oder wichtiger darzustellen, als man ist.

3. Den eigenen Maßstab leben: Die Bereitschaft, eigene Definitionen von Erfolg und Glück zu entwickeln und zu leben, auch wenn sie von konventionellen Vorstellungen abweichen.

4. Gelassenheit gegenüber Urteilen: Die innere Freiheit, nicht von externen Urteilen bestimmt zu werden – weder von Kritik noch von Lob. Wie Lao Tzu schrieb: "Sorge dich nicht darum, ob andere dich gutheißen, sondern ob du dich selbst gutheißt."

Elena, eine junge Unternehmerin, die ihr erfolgreiches Start-up verkaufte, um ein einfacheres Leben als Kunsthandwerkerin zu führen, teilte ihre Erfahrung: "Die größte Überrraschung war nicht die praktische Umstellung – weniger Geld, mehr Zeit, einfacherer Lebensstil. Die wirkliche Herausforderung war, mit den Reaktionen anderer umzugehen. Manche Menschen fühlten sich durch meine Entscheidung bedroht oder herausgefordert. Ich musste lernen, nicht ständig zu erklären oder zu rechtfertigen. Mit der Zeit wurde klar, dass diejenigen, die mir wirklich nahe stehen, meine Entscheidung verstehen oder zumindest respektieren würden. Und das war letztlich befreiend – zu wissen, wer wirklich an meiner Seite steht, ganz gleich welchen Weg ich wähle."

Der Mut zur Einfachheit ist letztlich der Mut zur Authentizität – der Entscheidung, die eigene innere Wahrheit über externe Erwartungen zu stellen und den Pfad zu gehen, der sich wahr und richtig anfühlt, auch wenn er nicht dem entspricht, was andere verstehen oder wertschätzen.

Reflexionsfragen:

1. In welchen Bereichen deines Lebens fühlst du dich am authentischsten? Was kennzeichnet diese Momente?

2. Welche übernommenen Muster oder Erwartungen hast du identifiziert, die nicht wirklich zu dir gehören?

3. Wenn du den Mut hättest, in einem Aspekt deines Lebens völlig authentisch zu sein, ohne Rücksicht auf soziale Erwartungen – was würdest du ändern?

Die spirituelle Dimension der Einfachheit

"In der Stille hören wir, was im Lärm verborgen bleibt." – unbekannt

Während wir uns dem Ende unserer Reise nähern, wenden wir uns einer oft übersehenen, aber essenziellen Dimension der Einfachheit zu – ihrer spirituellen Tiefe. Unabhängig von spezifischen religiösen Überzeugungen kann Einfachheit eine Tür zur transzendenten Erfahrung öffnen, zu einer tieferen Verbindung mit uns selbst, mit anderen und mit dem größeren Ganzen.

Stille und Kontemplation im Alltag

In unserer lärmenden, rastlosen Welt ist Stille zu einer Seltenheit geworden – und damit zu einem kostbaren Gut. Äußere Stille – die Abwesenheit von Lärm und Ablenkung – kann einen Raum öffnen für innere Stille, einen Zustand der Kontemplation und des tieferen Gewahrseins.

Die Kultivierung von Stille beginnt mit einfachen Praktiken:

1. Stille Momente einbauen: Reserviere bewusst kurze Zeiten der Stille im Alltagsfluss – sei es fünf Minuten vor dem Arbeitsbeginn, eine stille Tasse Tee am Nachmittag oder ein ruhiger Spaziergang ohne Medienstimulation.

2. Bewusstes Schweigen: Die Praxis des zeitweiligen Schweigens – für eine Stunde, einen Tag oder länger – kann eine kraftvolle Methode sein, den ständigen Strom von Worten zu unterbrechen und einen tieferen Modus des Seins zu erfahren.

3. Lauschen statt Füllen: Entwickle die Gewohnheit, in die Stille zu lauschen, statt sie zu füllen – sei es in der Natur, in Gesprächen (wo wir oft mehr auf unsere Antwort als auf den anderen achten) oder in Momenten des Alleinseins.

4. Technologische Stille: Schaffe regelmäßige technikfreie Zonen in Zeit und Raum – bestimmte Tageszeiten oder Orte in deinem Zuhause, die frei bleiben von elektronischen Geräten und deren ständiger Stimulation.

Thomas, ein Geschäftsführer, der täglich zwei 20-minütige Perioden der Stille praktiziert, beschrieb seine Erfahrung: "Diese Zeiten der Stille sind für mich nicht luxuriös, sondern notwendig geworden – wie geistiges Atmen. Am Anfang war es quälend; mein Geist wollte ständig beschäftigt sein. Mit der Zeit wurde die Stille zu einem Raum, in dem ich meine eigenen Gedanken klarer höre und oft Einsichten auftauchen, die im Lärm des Tages verborgen bleiben."

Die kontemplative Dimension der Stille ermöglicht eine tiefere Form des Wissens – ein direktes Erfassen von Wahrheit, das über intellektuelles Verstehen hinausgeht. In vielen spirituellen Traditionen wird diese Form des Wissens als wesentlich für echte Weisheit betrachtet.

Einfachheit als spirituelle Praxis

In nahezu allen spirituellen Traditionen finden wir Praktiken der Einfachheit – vom franziskanischen Gelübde der Armut über buddhistische Lehren zur Nicht-Anhaftung bis zum sufischen Ideal der inneren und äußeren Reinheit. Diese Traditionen erkennen Einfachheit nicht nur als praktische Tugend, sondern als spirituellen Pfad.

Die spirituelle Dimension der Einfachheit manifestiert sich in verschiedenen Formen:

1. Einfachheit als Demut: Die Erkenntnis, dass wir nicht das Zentrum des Universums sind, führt natürlich zu einer bescheideneren, einfacheren Lebensweise. Diese Demut ist nicht

Selbstherabsetzung, sondern realistische Einordnung im größeren Ganzen.

2. Einfachheit als Offenheit: Wenn wir die Komplexität von Vorurteilen, festen Überzeugungen und Anhaftungen reduzieren, öffnen wir uns für tiefere Wahrheit und unmittelbare Erfahrung des Moments.

3. Einfachheit als Hingabe: Die Bereitschaft, das eigene Leben einem höheren Prinzip, einer tieferen Wahrheit oder einem umfassenderen Zweck zu widmen, führt oft zu einer natürlichen Vereinfachung, da äußere Statusmarker an Bedeutung verlieren.

4. Einfachheit als Integrität: Das Streben nach Übereinstimmung von innerem und äußerem Leben, von Werten und Handlungen, führt zu einer einfacheren, kohärenteren Existenz.

Sophia, eine Yogalehrerin und ehemalige Investmentbankerin, beschrieb ihre Erfahrung: "Für mich begann Einfachheit als pragmatische Entscheidung – ich brauchte weniger Stress, mehr Zeit. Dann wurde es zu einer ethischen Entscheidung – ein bewussterer Umgang mit Ressourcen. Aber die überraschendste Dimension war die spirituelle. Je mehr ich losließ – nicht nur Dinge, sondern auch Identitäten, Rollen, Erwartungen – desto mehr spürte ich eine Verbindung zu etwas Größerem. Es gibt eine tiefe

Freude in dieser Verbundenheit, die kein Besitz oder Erfolg je bieten konnte."

Die Verbindung zum Größeren durch das Einfache

Eines der tiefsten Paradoxa der Einfachheit ist, dass die Reduktion zum Wesentlichen nicht zu Einschränkung führt, sondern zu Erweiterung – zu einer tieferen Verbindung mit der Fülle und Weite des Lebens selbst.

Diese Verbindung zum Größeren kann sich manifestieren als:

1. Verbindung zur Natur: Einfachheit führt oft zu einer tieferen Wertschätzung und Verbundenheit mit der natürlichen Welt, ihrer Schönheit, Komplexität und Weisheit. Wie John Muir schrieb: "In die Natur gehen bedeutet nach Hause zu kommen."

2. Verbindung zu anderen: Ohne die Barrieren von Status, Rollen und oberflächlichen Unterschieden können wir tiefer mit anderen Menschen verbunden sein – in authentischer, mitfühlender Präsenz.

3. Verbindung zum größeren Ganzen: Viele spirituelle Traditionen beschreiben eine direkte Erfahrung von Einheit oder Verbundenheit mit dem Universum, dem Göttlichen oder dem größeren Bewusstsein – eine Erfahrung, die oft durch Einfachheit, Stille und Präsenz zugänglicher wird.

4. Verbindung zum zeitlosen Moment: In der Einfachheit können wir den gegenwärtigen Moment in seiner Fülle erfahren – einen Zustand, den die Mystikerin Simone Weil als "Aufmerksamkeit in ihrer höchsten und reinsten Form" beschrieb.

David, ein Arzt, der nach einem Burnout zu einer einfacheren Lebensweise fand, teilte seine unerwartete Erfahrung: "Das Überraschendste war, dass ich mich nicht eingeschränkt fühlte, sondern erweitert. Als würde ich durch eine Tür gehen, von einem engen Raum in einen weiten, offenen Bereich. In der Fülle meines früheren Lebens hatte ich mich irgendwie klein gefühlt, begrenzt durch all die Dinge und Verpflichtungen. In der scheinbaren Begrenztheit des einfacheren Lebens fühle ich mich grenzenlos – verbunden mit allem."

Die spirituelle Dimension der Einfachheit erinnert uns daran, dass Einfachheit nicht nur ein praktischer Lebensstil oder eine ästhetische Präferenz ist, sondern ein Weg zur tieferen Wahrheit, zur erweiterten Verbundenheit und zur authentischen Präsenz im unendlichen Reichtum des gegenwärtigen Moments.

Reflexionsfragen:

1. Welche Momente der Stille hast du in deinem Leben erfahren, und wie haben sie dich berührt?

2. Inwiefern könnte Einfachheit für dich eine spirituelle, nicht nur praktische Dimension haben?

3. Wie könntest du mehr Raum für Kontemplation und tieferes Gewahrsein in deinem Alltag schaffen?

Zusammenfassung

Die transformative Kraft der Einfachheit

Unsere Reise durch die Landschaft der Einfachheit hat uns von philosophischen Höhen über praktische Täler bis zu spirituellen Tiefen geführt. Wir haben erkundet, wie Einfachheit nicht nur ein Lebensstil ist, sondern eine tiefgreifende Haltung, die jeden Aspekt unseres Daseins transformieren kann.

Wesentliche Erkenntnisse aus allen drei Teilen

Teil 1: Verstehen – Die Philosophie der Einfachheit

Wir haben erkannt, dass wahre Einfachheit nicht Vereinfachung oder Verarmung ist, sondern ein Destillationsprozess, der das Wesentliche hervorhebt. Das zentrale Paradoxon der Einfachheit – dass sie gleichzeitig natürlich und schwer zu erreichen ist – spiegelt die Spannung zwischen unserer inneren Sehnsucht nach Klarheit und den komplexen Strukturen wider, die wir um uns herum geschaffen haben.

Von östlichen Traditionen lernten wir die Kunst des Loslassens, die Schönheit des Unvollkommenen und die Freiheit der Nicht-Anhaftung. Westliche Philosophien zeigten uns den Wert des bewussten Lebens, der Selbstgenügsamkeit und der Kultivierung innerer Werte über äußeren Besitz.

Die Wissenschaft bestätigte, was Weise aller Kulturen intuitiv erkannt haben: Unser Gehirn und Nervensystem sind für Einfachheit optimiert, nicht für Überfluss und ständige Stimulation. Die vermeintliche Effizienz von Multitasking und ständiger Erreichbarkeit entpuppt sich als Illusion, während bewusste Einfachheit unsere kognitiven Ressourcen befreit und Kreativität fördert.

Teil 2: Loslassen – Der Weg zur Einfachheit

Der praktische Weg zur Einfachheit beginnt oft mit dem Materiellen – nicht weil Besitz problematisch wäre, sondern weil unsere Beziehung zu Dingen tiefere Muster offenbart. Bewusstes Entrümpeln, Verstehen emotionaler Bindungen an Besitz und die Kultivierung achtsamen Konsums schaffen physischen und psychologischen Raum für das Wesentliche.

Das mentale Loslassen geht tiefer, indem es uns hilft, gedankliche Überfrachtung zu erkennen, einen ruhigeren Geist zu kultivieren und die Identifikation mit unseren Gedanken zu lösen. Durch Praktiken wie Meditation entwickeln wir die Fähigkeit, unsere mentalen Prozesse zu beobachten, ohne von ihnen beherrscht zu werden.

Im digitalen Bereich bedeutet Loslassen, ein bewussteres Verhältnis zur Technologie zu entwickeln – Werkzeuge zu nutzen, ohne von ihnen genutzt zu werden. In unseren sozialen Beziehungen führt das Loslassen zu

authentischeren Verbindungen, als wir den Mut
finden, Grenzen zu setzen und Qualität über
Quantität zu stellen.

Teil 3: Sein – Leben in Einfachheit

Die Kunst, in Einfachheit zu leben, manifestiert
sich im Alltäglichen – in bewussten Routinen, die
Freiheit schaffen statt einzuschränken; in der
Kultivierung von Langsamkeit inmitten
gesellschaftlicher Beschleunigung; in der
Rückkehr zu einfacher, natürlicher Ernährung und
Bewegung.

Im Bereich der Arbeit bedeutet Einfachheit, die
Illusion des Multitaskings zu überwinden und
Bedingungen für tiefe, fokussierte Produktivität
zu schaffen. Sie beeinflusst berufliche
Entscheidungen, indem sie uns ermutigt, Tiefe
statt Breite zu kultivieren und berufliche Ziele an
authentischen Werten auszurichten.

Die tiefere Dimension der Einfachheit liegt in
ihrer Verbindung zu Authentizität – wenn wir
äußeren und inneren Ballast abwerfen, kommen
wir mehr und mehr in Kontakt mit unserem
wahren Selbst. Dies erfordert den Mut, gegen den
Strom einer Gesellschaft zu schwimmen, die oft
Komplexität, Geschäftigkeit und äußere
Erfolgsmarker belohnt.

Schließlich öffnet Einfachheit eine spirituelle Dimension – einen Raum für Stille, Kontemplation und tiefere Verbindung. In der scheinbaren Begrenzung eines einfacheren Lebens finden wir oft eine unerwartete Erweiterung – eine tiefere Verbundenheit mit uns selbst, mit anderen und mit dem größeren Ganzen.

Die Integration von Verstehen, Loslassen und Sein

Die wahre Kraft der Einfachheit entfaltet sich in der Integration dieser drei Dimensionen. Verstehen ohne Loslassen bleibt theoretisch; Loslassen ohne tieferes Verstehen kann mechanisch werden; und das Sein in Einfachheit erfordert sowohl Verstehen als auch kontinuierliches Loslassen.

Diese Integration ist kein einmaliges Ereignis, sondern ein fortlaufender Prozess – eine Spirale, auf der wir immer wieder neue Schichten entdecken, loslassen und tiefer in authentisches Sein eintauchen. Wie der Zen-Meister Shunryu Suzuki schrieb: "In der Haltung des Anfängers liegen alle Möglichkeiten, in der des Experten nur wenige."

Der Weg der Einfachheit ist nicht linear, sondern zyklisch. Er besteht aus Fortschritten und

Rückschritten, Momenten tiefer Klarheit und Zeiten der Verwirrung. Gerade diese Unvollkommenheit des Weges erinnert uns daran, dass Einfachheit nicht Perfektion ist, sondern eine lebendige, atmende Praxis – eine, die uns einlädt, immer wieder neu zu beginnen, mit Offenheit, Neugier und Mitgefühl für uns selbst.

Die stille Kraft der Einfachheit liegt letztlich in ihrer transformativen Wirkung – nicht nur auf unsere äußeren Umstände, sondern auf unser inneres Erleben. Indem wir zum Wesentlichen vordringen, entdecken wir einen Reichtum, der nicht in Anhäufung, sondern in tiefer Präsenz liegt; nicht in Komplexität, sondern in Klarheit; nicht in rastloser Aktivität, sondern in bewusstem Sein.

Möge diese Reise zur Einfachheit dich zu deiner eigenen stillen Kraft führen – zu einem Leben, das in seiner Essenz einfach und genau dadurch außergewöhnlich ist.

Anhang

30-Tage-Experiment: Schrittweise zur Einfachheit

Dieses 30-Tage-Experiment bietet einen strukturierten Weg, um Einfachheit schrittweise in dein Leben zu integrieren. Jede Woche fokussiert auf eine andere Dimension der Einfachheit, mit täglichen Praktiken, die aufeinander aufbauen.

Woche 1: Materielle Einfachheit

Tag 1-2: Bewusste Bestandsaufnahme

- Wähle einen Raum oder Bereich in deinem Zuhause

- Fotografiere ihn im aktuellen Zustand

- Nimm jeden Gegenstand in die Hand und frage: "Brauche ich es wirklich? Bringt es mir Freude? Repräsentiert es, wer ich heute bin?"

Tag 3-5: Ausmisten mit Intention

- Entferne alles, was die obigen Fragen nicht positiv beantwortet

- Organisiere drei Stapel: Behalten, Weitergeben, Entsorgen

- Handle sofort mit den Nicht-Behalten-Stapeln (verpacken, spenden, etc.)

Tag 6-7: Der leere Raum

- Belasse den Raum für zwei Tage im entrümpelten Zustand

- Beobachte, wie es sich anfühlt, in diesem vereinfachten Raum zu sein

- Notiere deine emotionalen und körperlichen Reaktionen

Woche 2: Mentale Einfachheit

Tag 8-9: Gedanken-Inventur

- Führe ein Gedankentagebuch für 48 Stunden

- Notiere wiederkehrende Gedankenmuster und ihre emotionale Wirkung

- Identifiziere mentalen "Ballast" - grübelnde, nicht-konstruktive Gedanken

Tag 10-12: Meditation der Einfachheit

- Praktiziere täglich 10 Minuten einfache Atemmeditation

- Beobachte Gedanken kommen und gehen, ohne zu urteilen

- Kehre sanft zur Einfachheit des Atems zurück, wenn der Geist wandert

Tag 13-14: Digitaler Sabbat

- Verbringe ein Wochenende mit minimaler Technologienutzung

- Deaktiviere Benachrichtigungen, setze Bildschirmzeit-Grenzen

- Beobachte Impulse zur Technologienutzung und was sie auslöst

Woche 3: Zeitliche Einfachheit

Tag 15-16: Zeitinventur

- Protokolliere 48 Stunden lang all deine Aktivitäten in 30-Minuten-Intervallen

- Analysiere: Welche Aktivitäten geben dir Energie? Welche entziehen sie?

- Identifiziere "Zeitdiebe" und unnötige Verpflichtungen

Tag 17-19: Bewusste Zeitgestaltung

- Erstelle einen vereinfachten Tagesplan mit Fokus auf das Wesentliche

- Praktiziere "Zeitblöcke" für tiefe Arbeit/Aktivität ohne Unterbrechungen

- Übe bewusstes Mono-Tasking - eine Sache zur Zeit, mit voller Präsenz

Tag 20-21: Die Kunst des Nein-Sagens

- Überprüfe kommende Verpflichtungen: Was kannst du absagen oder delegieren?

- Formuliere höfliche, klare Absagen für nicht-essentielle Anfragen

- Praktiziere das "verzögerte Ja" - bitte um 24 Stunden Bedenkzeit vor Zusagen

Woche 4: Beziehungs-Einfachheit und Integration

Tag 22-23: Beziehungsinventur

- Erstelle eine Liste deiner sozialen Beziehungen

- Reflektiere, welche dich nähren, welche neutral sind, welche Energie kosten

- Identifiziere Beziehungsmuster, die zu Komplexität statt Einfachheit führen

Tag 24-26: Authentische Verbindung

- Führe ein bedeutungsvolles Gespräch ohne Ablenkungen mit einer nahestehenden Person

- Praktiziere aktives Zuhören ohne Unterbrechung oder mentale Vorbereitung von Antworten

- Kommuniziere eine persönliche Grenze oder Bedürfnis, das du bisher zurückgehalten hast

Tag 27-30: Integration und Ausblick

- Reflektiere die Erfahrungen der letzten vier Wochen

- Identifiziere drei Schlüsselpraktiken, die dir besonders geholfen haben

- Entwickle einen nachhaltigen Plan, wie du Einfachheit langfristig kultivieren willst

Reflexionsfragen für den persönlichen Weg

Diese Fragen sind als Begleiter für deine fortlaufende Reise zur Einfachheit gedacht. Du kannst sie für regelmäßige Selbstreflexion nutzen oder als Journaling-Prompts.

Zur Philosophie der Einfachheit

1. Was bedeutet "genug" für mich in verschiedenen Lebensbereichen (materiell, beruflich, sozial)?

2. Welche Komplexität in meinem Leben ist gewählt und bereichert mich, welche ist unbeabsichtigt und belastet mich?

3. Wenn ich auf mein Leben zurückblicken würde, was würde ich als "wesentlich" betrachten? Wie spiegelt sich das in meinen täglichen Prioritäten wider?

Zum Prozess des Loslassens

1. Welche materielle Besitztümer halte ich aus emotionalen Gründen fest, die nicht mehr meinem heutigen Selbst entsprechen?

2. Welche mentalen Gewohnheiten oder Glaubenssätze verkomplizieren mein Leben unnötig?

3. In welchen Situationen fällt es mir am schwersten loszulassen? Was lehrt mich das über meine tieferen Ängste oder Bedürfnisse?

Zum authentischen Sein

1. Wann fühle ich mich am lebendigsten und authentischsten? Welche Bedingungen ermöglichen diese Erfahrung?

2. Welche Masken oder Rollen trage ich in verschiedenen Kontexten? Sind diese authentische Ausdrucksformen oder Schutzschilde?

3. Wenn ich vollkommen frei von externen Erwartungen wäre, wie würde mein Leben aussehen? Was würde sich ändern, was würde bleiben?

Zur praktischen Integration

1. Welche kleine, aber bedeutsame Veränderung könnte ich diese Woche umsetzen, um mehr Einfachheit in meinen Alltag zu bringen?

2. Wie kann ich Momente der Stille und Präsenz in meinen täglichen Rhythmus integrieren?

3. Welche persönlichen "Erfolgsmetriken" jenseits konventioneller Maßstäbe würden mein Streben nach einem einfacheren, authentischeren Leben besser reflektieren?

Weiterführende Ressourcen und Literaturempfehlungen

Philosophie der Einfachheit

- **"Walden oder Leben in den Wäldern"** von Henry David Thoreau - Der Klassiker über bewusstes einfaches Leben und die Verbindung zur Natur.

- **"Freiwillige Einfachheit"** von Duane Elgin - Eine umfassende Erkundung der philosophischen und praktischen Dimensionen eines einfacheren Lebensstils.

- **"Wabi-Sabi für Künstler, Designer, Dichter und Philosophen"** von Leonard Koren - Eine tiefgründige Betrachtung der japanischen Ästhetik der Einfachheit und Vergänglichkeit.

Praktisches Loslassen

- **"Digital Minimalism"** von Cal Newport - Eine durchdachte Methode, um Technologie bewusst und selektiv in unser Leben zu integrieren.

- **"The Life-Changing Magic of Tidying Up"** von Marie Kondo - Ein praktischer

Leitfaden zum Entrümpeln und Organisieren des materiellen Lebens.

- **"Essentialism: The Disciplined Pursuit of Less"** von Greg McKeown - Strategien, um das Wesentliche vom Überflüssigen zu unterscheiden und ein fokussierteres Leben zu führen.

Spirituelle Dimensionen

- **"Die Kraft der Stille"** von Thich Nhat Hanh - Einsichten eines Zen-Meisters zur transformativen Kraft der Stille und Präsenz.

- **"Einfach sein: Botschaften aus der Stille"** von Richard Rohr - Eine spirituelle Perspektive auf Einfachheit als Weg zu tieferer Authentizität.

- **"Gift from the Sea"** von Anne Morrow Lindbergh - Poetische Reflexionen über Einfachheit, Stille und die rhythmischen Muster des Lebens.

Übungen zur Kultivierung von Einfachheit

Für materielle Einfachheit

Die 333-Herausforderung: Lebe 3 Monate mit nur 33 Kleidungsstücken (inklusive Schuhe und Accessoires). Dies schärft das Bewusstsein für das Wesentliche und reduziert Entscheidungsmüdigkeit.

Das Ein-In-Ein-Aus-Prinzip: Führe eine neue Regel ein: Für jeden neuen Gegenstand, der in dein Leben kommt, muss ein ähnlicher gehen. Dies stabilisiert die Menge deines Besitzes.

Der Umzugstest: Frage dich bei Gegenständen: "Würde ich dies einpacken und mitnehmen, wenn ich umziehen würde?" Diese Perspektive hilft, emotionale Bindung von echtem Wert zu unterscheiden.

Für mentale Einfachheit

Die Gedanken-Beobachtungspraxis: Setze dich 10 Minuten hin und beobachte deine Gedanken, ohne zu urteilen oder zu reagieren. Notiere nach der Übung Muster, die du erkannt hast.

Der Gedanken-Urlaub: Wähle ein wiederkehrendes Sorgenthema und beschließe, für einen definierten Zeitraum (einen Tag, eine Woche) bewusst nicht darüber nachzudenken. Wann immer der Gedanke auftaucht, notiere ihn kurz und verschiebe ihn auf später.

Die 5-4-3-2-1-Übung: Wenn gedankliche

Überfrachtung einsetzt, ankere dich im Hier und Jetzt, indem du 5 Dinge benennst, die du siehst, 4 Dinge, die du hörst, 3 Dinge, die du spürst, 2 Dinge, die du riechst und 1 Ding, das du schmeckst.

Für digitale Einfachheit

Die App-Diät: Entferne alle Apps von deinem Smartphone und installiere nur die wieder, die du nach 48 Stunden wirklich vermisst hast. Dies enthüllt, welche digitalen Tools wirklich Wert für dich haben.

Die Monotasking-Herausforderung: Arbeite in 25-Minuten-Intervallen (Pomodoro-Technik) mit nur einem geöffneten Programm oder Tab auf deinem Computer. Beobachte den Impuls zum Multitasking und kehre sanft zum Fokus zurück.

Die Benachrichtigungs-Fastenkur: Deaktiviere alle Push-Benachrichtigungen für eine Woche und definiere dann bewusst, welche wenigen dir wirklich helfen (nicht nur Aufmerksamkeit beanspruchen).

Für Beziehungs-Einfachheit

Das tiefe Gespräch: Führe ein Gespräch mit einer nahestehenden Person mit dem bewussten Verzicht auf oberflächliche Themen. Nutze Fragen wie: "Wovor hast du momentan am meisten Angst?" oder "Was gibt dir gerade am meisten Hoffnung?"

Die Grenzen-Übung: Identifiziere eine Situation, in der du regelmäßig deine persönlichen Grenzen überschreitest. Formuliere eine klare, respektvolle Grenze und übe, sie auszusprechen, zuerst im Spiegel, dann mit einer vertrauten Person.

Das innerer-Kreis-Experiment: Identifiziere die 5-7 Menschen, die deinen "inneren Kreis" bilden sollten. Investiere bewusst mehr Zeit und Energie in diese Beziehungen für einen Monat und beobachte die Auswirkungen auf dein allgemeines Wohlbefinden.

Diese Übungen sind als Startpunkte gedacht, nicht als starre Regeln. Passe sie an deine persönlichen Umstände an und sei geduldig mit dir selbst. Der Weg zur Einfachheit ist selbst nicht immer einfach, aber jeder kleine Schritt bringt dich näher zu einem klareren, authentischeren Leben.

"Die Einfachheit liegt jenseits der Komplexität. Du musst hart arbeiten, um dorthin zu gelangen." - Steve Jobs